kurz & bündig

macht in kurzer Lesezeit
mit dem Wichtigsten vertraut.
Die einzelnen Bände dieser Serie bieten
Einblicke in die Themenkreise

Religion & Philosophie
Wirtschaft & Gesellschaft
Natur & Umwelt
Wissenschaft & Technik
Kunst & Kultur
Sprache & Literatur
Geschichte & Geographie

Herausgegeben von Wolf In der Maur

Herbert Ellinger

Buddhismus

Religion oder Philosophie: Was für uns im
Westen jahrhundertelang ein Rätsel war,
enthüllt sich heute als ein faszinierender
Weg zur Weisheit.

hpt-Verlagsgesellschaft

CIP-Titelaufnahme der Deutschen Bibliothek

Ellinger, Herbert:
Buddhismus / Herbert Ellinger. — Wien: hpt-Verl.-Ges., 1988
  (kurz & bündig)
  ISBN 3-85128-001-6

Einbandgestaltung: Erich Baumann

© 1988 by hpt-Verlagsgesellschaft m.b.H., Wien
Satzherstellung: inter-letter, Wien
Druck und Bindung: Ueberreuter, Wien-Korneuburg

Inhalt

Vorwort des Herausgebers

Der Buddhismus ist eine der großen Weltreligionen und das Ergebnis einer durchgreifenden Reformbewegung im Indien des 6. Jahrhunderts v. Chr. Gründer war ein Mann namens *Siddharta,* dessen Ehrentitel *Buddha,* „der Erleuchtete", „der Erwachte" bedeutet.

Er lehnte — was zu jener Zeit ein ungeheures Unterfangen war — das Kastensystem und damit auch die Vorrangstellung der Brahmanen ab.

Der Buddhismus bekämpft andere Religionen nicht, er trägt ein hohes Maß an Toleranz in sich. Seine Gedankenwelt konnte Traditionen anderer Völker einbeziehen, ohne dadurch der eigenen Substanz verlustig zu gehen. Heute lebt die Lehre des *Buddha* in verschiedenen Formen weiter. Als „Kleines Fahrzeug" in Sri Lanka, Burma, Thailand, Laos, Kambodscha, als „Großes Fahrzeug" in Nepal, Korea, Japan und China. Es liegt an den politischen Vorgängen in einigen dieser Länder, daß konkrete Aussagen in bezug auf die Religionsausübungen dort schwer zu machen sind. In Tibet, Sikkim, Bhutan und weiten Teilen der Mongolei existiert eine Sonderform des Buddhismus, das „Diamantene Fahrzeug", auch Lamaismus genannt.

Wir interessieren uns zunehmend für andere — uns bisher fremde — Denkweisen. Zur Berechenbarkeit Asiens aber gehört die Kenntnis seiner Seele, von welcher der Buddhismus ein Teil ist.

Vieles ist fremd für uns und nicht immer leicht zu verstehen. Wir werden ein wenig Gedankenarbeit investieren müssen, ein gewisses Maß an Einfühlsamkeit wird notwendig sein. Doch ist es nicht gerade das, was der heutige Mensch sucht, was er fordert?

Im vorliegenden Buch ist vieles anhand des Himalaya-Buddhismus erklärt. Dies ist kein Zufall: Dort lebt die Lehre des *Buddha,* dort ist sie am meisten gefordert. Diese Menschen sind im ständigen Kampf um ihr Bestehen und Überleben der Beweis für die Kraft einer Lebensform, die vor zweieinhalb Jahrtausenden begründet wurde.

Wohl hat buddhistische Philosophie schon längst Eingang in abendländische Denkformen gefunden, Schopenhauer und Keyserling mögen dafür Beispiele sein. Längst hat Asien aufgehört, ein ferner, exotischer Kontinent, allenfalls bloß ein Ausbeutungsobjekt für Kolonialmächte zu sein. Heute liegt es uns allen nahe. Der Buddhismus aber ist eine der geistigen Grundlagen Asiens. Dieses Buch soll ein wenig Einblick gewähren in diese Welt, soll uns seine Menschen näherbringen.

Wolf In der Maur

Der Buddhismus und
wir Menschen der „1. Welt"

Wir leben in der „1. Welt" und sind unseren Lebensrhythmen, die wir uns selbst geschaffen haben, mehr oder minder gut angepaßt. Das sollte uns nicht hindern, ein wenig Besinnung in uns selbst zu erwecken.

Was ist Buddhismus? Eine Religion, eine Philosophie, ein Bündel von Lebensregeln, die das Zusammenleben der Menschen ermöglichen oder erleichtern? Ist Buddhismus eine Institution, eine „Kirche"? Kann Buddhismus auch für uns Menschen der hochzivilisierten und hochtechnisierten Welt von Bedeutung sein?

Zunächst einmal: Buddhismus ist einer der möglichen „Wege nach Innen". Damit sei schon hier klargestellt, daß der Buddhismus weit davon entfernt ist, irgendeinen „Alleinanspruch" geltend zu machen und daß nicht daran gedacht ist, Buddhisten zu werben!

Besinnung und Besinnlichkeit wollten lange nicht in unsere Welt der nüchternen Technik, der konkreten Wissenschaft, des Fortschrittes um jeden Preis passen. Hier aber scheint sich ein Wandel anzubahnen, ein anderes Denken, das uns vielleicht hilft, aus so manchem Zwiespalt zu finden, in den uns Einseitigkeit hineinmanövriert hat. Vielfach wurde — und wird — angeführt, unser modernes Leben lasse uns einfach keine Zeit dazu, ein wenig

in uns zu gehen, der Zeitmangel mache Kontempla-
tion unmöglich. Dieses Argument hält nicht stand:

Der „Weg nach Innen" ist weniger eine Frage der
Zeit als eine Frage des Willens, der eigenen Energie.
Und: Woher sollten wir in unserer Welt, die uns
oft alles abverlangt, zusätzliche Energie nehmen,
wenn wir nicht einmal wissen, was man denn finden kann, wenn man „nach Innen" geht? Woher
also soll man die Motivation zu einem zusätzlichen
Energieaufwand beziehen, dessen „Nutzen" man
nicht kennt? Wir haben nun einmal unsere Wert-
vorstellungen festgelegt und bis zu einem hohen
Grade auch einzementiert. So gingen andere Quellen unseres Lebens verloren, wir haben sie zuge-
schüttet und vielfach auch vergessen.

Langsam aber beginnen wir zu begreifen, daß
dieser „Weg nach Innen" Freude, echtes Erleben
und Erweiterung unseres Horizonts bedeuten
kann.

Wir wollen uns nun mit dem Buddhismus beschäftigen und in dieser Denkwelt *einen* der möglichen Wege kennenlernen, die „nach Innen" führen
können. Dazu müssen wir uns einer fremden Welt
öffnen, und das wird nicht immer leicht sein. Wir
werden erkennen müssen, daß der Mensch seine
Umwelt und sein Selbst ganz anders sehen und begreifen kann, als wir dies gewohnt sind. Wir werden zur Kenntnis nehmen müssen, daß unsere Sicht
eine der möglichen, aber nicht die einzig mögliche
ist. Wir werden aber auch zur Kenntnis nehmen
können, daß es etwas gibt, das weltweit verbindet:
Die Tatsache Mensch.

Wir werden bei der Beschäftigung mit dem Phänomen Buddhismus nicht vermeiden können, Begriffe zu verwenden, die uns zunächst fremd — manchmal wohl auch widersinnig — erscheinen. Lassen wir uns davon aber nicht verwirren, versuchen wir vielmehr, aus ihnen das Denken der Menschen zu begreifen. Sozusagen vorbeugend einige Kostproben von uns fremden Begriffen, die aber für den Buddhisten Festpunkte seines Denkens sind:

Unter *Karma* versteht der Buddhist ein Kausalprinzip, das jeglicher Materie, daher auch allem Leben, eigen ist: Jede Handlung, jede Nicht-Handlung, jeder Gedanke, jeder Nicht-Gedanke hat die nächste Handlung, die nächste Nicht-Handlung und so weiter zur Folge. Diese Kausalverflechtung, diese Bedingtheit von Ursache und Wirkung, die wieder zur Ursache wird, nennt der Buddhist die *karmatische Bedingtheit*. Sie ist Ursache des Seins, Ursache der Leben. Hier wurde nicht zufällig die Mehrzahl verwendet: Die Wiedergeburt, die Inkarnation ist für den Buddhisten eine Selbstverständlichkeit.

Das *Dharma* ist ein unpersönliches, absolutes, eigenschaftsloses, kosmisches Gesetz. Da es dem Absoluten angehört, beziehungsweise das Absolute ist, entzieht es sich dem menschlichen Denken, das naturgemäß dem Bereich des Relativen zugeordnet ist. Das *Dharma* ist daher — so drücken sich die Buddhisten aus — leer, es ist *Sunyata*, die Leere schlechthin.

Nun sieht buddhistisches Denken die Aufgabe

des Menschen darin, sein persönliches *Karma* dem *Dharma*, also dem Absoluten, anzunähern. Ist nach vielen Leben eine Identifikation von persönlichem *Karma* und *Dharma* vollzogen, dann ist das *Karma* gegenstandslos geworden, der Zustand des *Nirwana* ist erreicht.

Wir Abendländer sind es gewohnt, Fakten zu fordern. Also: Wie viele Buddhisten gibt es eigentlich derzeit auf unserer Erde? Unsere Vorliebe für Zahlen und Fakten kann uns hier recht heitere Streiche spielen. In einem Zeitungsartikel wurden kürzlich 312,5 Millionen Buddhisten genannt. Wer hat eigentlich wann, wie und wo gezählt? Wer kann heute sagen, wie viele Bewohner der Volksrepublik China sich selbst als Buddhisten bezeichnen würden, wer kann seriöse Auskünfte in dieser Hinsicht für *Laos, Kambodscha* und *Vietnam* geben?

Solche Zahlen und Ziffern führen sich im übrigen selbst ad absurdum: Die einzelnen buddhistischen Schulen erheben keinen „allein-seligmachenden" Anspruch. Nach buddhistischer Auffassung kann man zum Beispiel durchaus Christ und gleichzeitig Buddhist sein. So haben sich ganz natürlich Mischformen gebildet, wie in Japan zwischen Buddhismus und Shintoismus, in China zwischen taoistischen und buddhistischen Elementen und so fort.

Es ist also reichlich müßig, die Buddhisten der Welt zählen zu wollen. Schon jetzt aber sei angemerkt, daß die Lehre des *Siddharta Gautama Buddha* im Entstehungsland Indien mehr oder minder erloschen ist, die Anhänger *Buddhas* spielen dort zahlenmäßig keine Rolle. Allerdings ist dabei zu berücksichtigen, daß Tausende tibetische Flüchtlinge heute in Flüchtlingslagern über ganz Indien verstreut leben. Bei ganz grober Betrachtungsweise gibt es heute einen *südlichen* Buddhismus in Sri Lanka, Birma, Thailand, Laos und Kambodscha, einen *nördlichen* in Nepal, Vietnam, China, Korea und Japan und die Sonderform des *Lamaismus* in Tibet, Sikkim, Bhutam und der Mongolei.

*D*er historische Buddha

Nun noch einige Worte zum Gründer der buddhistischen Lehre: Der historische *Buddha* wurde 566 oder 563 v. Chr. als Prinz *Siddharta* in *Kapilavastu,* einer Stadt im heutigen Nepal, geboren. Sein Vater, der Fürst *Suddhodana,* vermittelte ihm die seinem Stand angemessene Erziehung und verheiratete ihn schon im Alter von 16 Jahren.

Mit 29 Jahren — knapp nach der Geburt seines Sohnes — verließ *Siddharta* seine Familie und schloß sich verschiedenen asketischen Lehrern an, die durch die Lande zogen. Im Alter von 35 Jahren verwirklichte er *Bhodi,* das *Erwachen,* die *Erleuchtung.* Zunächst war er von der Nicht-Mitteilbarkeit seiner Erkenntnisse überzeugt, setzte aber dann nach einigen Jahren das *Rad der Lehre* mit seiner Predigt in Sarnath nahe Varanasi in Bewegung. *Buddha Siddharta Gautama* zog dann den Rest seines Lebens lehrend durch das Land und sammelte eine stets wachsende Schar von Anhängern um sich. Allerdings kam es schon zu Lebzeiten des Erleuchteten zu Zwistigkeiten innerhalb dieses Ordens, es gab sogar Mordanschläge auf den *Buddha*. Er starb ungefähr 80 Jahre alt, wahrscheinlich an Ruhr.

Diese nackte Biographie soll unserem Durst nach Fakten entgegenkommen. Wir werden sehen, daß die Legenden, die wir im weiteren Verlauf skizzenhaft aufzeigen werden, wesentlich mehr über die Menschen, die sie erzählen, zu sagen haben.

Man mag fragen, ob diese östliche Philosophie auch uns Menschen des Westens etwas zu sagen hat. Der Autor stellte *Tenzin Gyatso*, dem 14. *Dalai-Lama*, diese Frage anläßlich einer ausführlichen Privataudienz am 3. Oktober 1986 in *Dharamshala*, dem Exilsitz des *Dalai-Lama* in Indien.

*E*in Gespräch mit dem Dalai-Lama

Autor: „. . . gibt es für Menschen, die das Leben der westlichen Zivilisation führen, eine Möglichkeit, Erleuchtung zu erlangen, wie sie *Buddha Shakyamuni* gelehrt hat? Wie denkt Eure Heiligkeit über die buddhistischen Gemeinschaften in Europa und in Amerika . . .?"

Dalai-Lama: „Wenn wir von Philosophie, wenn wir von Religion sprechen, dann gibt es doch wohl keine Grenzen. Der Buddhismus ist ursprünglich eine indische Religion, erreichte dann aber Tibet, China, die Mongolei und so weiter. In diesen Ländern adoptierte die Lehre die Eigenheiten der jeweiligen Völker und übernahm deren Traditionen. So ein ähnlicher Vorgang ist in den Ländern der westlichen Welt wohl auch denkbar. Bei aller Verschiedenheit der Völker und Nationen ist doch allen die Tatsache des Menschseins gemeinsam. Tod, Alter, Krankheit und Leid sind die Basisprobleme *aller* Menschen, hier gibt es keine Unterschiede. Nun mögen Menschen verschiedene Veranlagungen haben, verschiedene Richtungen einschlagen, der Buddhismus kann eine davon sein."

Autor: „Da ist allerdings der Mangel an kompetenten Lehrern in der westlichen Welt zu bedenken!"

Dalai-Lama: „Das ist allerdings ein großes Problem, das einfach nicht zu übersehen ist."

Autor: „Kann man denn Ihrer Meinung nach Buddhismus *ohne* Lehrer — sozusagen aus Büchern — lernen?"

Dalai-Lama: „Das ist sicherlich sehr schwer und nur beim *Sutrayana* möglich, der *Tantrayana* bedarf wohl mit großer Sicherheit einer wissenden, kompetenten Anleitung." (*Sutrayana* ist eine Form der Lehre, die sich streng an die kanonischen Schriften des Buddhismus hält, auf den Begriff *Tantrayana* kommen wir später zu sprechen.)

Autor: „Meinen Sie, daß es in der westlichen

Welt so etwas wie einen eigenständigen Buddhismus geben könnte?"

Dalai-Lama: „Jeder Buddhismus hat seinen eigenen kulturellen Aspekt, er müßte zweifelsohne im Westen den europäischen beziehungsweise den amerikanischen übernehmen, sonst käme es unweigerlich zu einem nicht überwindbaren Zusammenprall."

Die hier in stark gekürzter Form wiedergegebene Meinung des *Dalai-Lama* ist interessant und gleichzeitig ein typisches Lehrbeispiel für die weitgehend adogmatische Geisteshaltung des Buddhismus. Daß dieser durchaus stark genug ist, fremde Traditionen und Kulturen ohne Selbstaufgabe zu integrieren, ist wiederholt durch geschichtliche Abläufe unter Beweis gestellt worden.

Buddhismus ist eine Gründerreligion, sie geht auf die historische Persönlichkeit Siddharta Gautama Buddhas zurück, der im 6. vorchristlichen Jahrhundert in Indien lebte. Die Lehre Buddhas kennt den Dharma, das eigenschaftslose, „leere", absolute, kosmische Gesetz, nicht aber einen persönlichen, eigenschaftlichen Gott. Der Buddhismus ist weitgehend frei von Dogmen, er verfügt über ein hohes Maß an Assimilationskraft für fremde Kulturen, ohne aber seine Prinzipien einem billigen Pragmatismus zu opfern.

Der Religionsgründer:
Herkunft und Werden
des Buddhismus

*Schon lange bevor die Seidenstraße ihre Blüte erlebte,
beförderten Karawanen nicht nur Waren, sondern auch
Gedanken und Ideen über himmelhohe Pässe und
lebensfeindliche Wüsten.*

Das sechste Jahrhundert vor unserer Zeitrechnung muß im hochkultivierten und -zivilisierten Indien ein Zeitalter des Aufbruchs gewesen sein. Die Sehnsucht der Menschen im dicht besiedelten Subkontinent nach Veränderung, nach gesellschaftlicher Erneuerung muß — die Geschichte Indiens war damals schon alt — einen Höhepunkt erreicht haben. Versuchen wir, diese Zeit mit der Geschichte des Abendlandes zeitlich in Zusammenhang zu bringen und Vorgänge in unserem Kulturkreis skizzenhaft darzustellen: Denken wir an das klassische Griechenland, das mit seinen gesellschafts- und machtpolitischen Gedanken bis weit in unsere Geschichte — wahrscheinlich bis heute — wirksam ist. Denken wir an das Achäminidenreich der persischen Großkönige mit ihren Träumen von Weltmacht und ihren Auswirkungen bis weit hinein in den zentralasiatischen Raum.

Schon damals gab es Verbindungen zwischen den Völkern. Karawanen transportierten über Tausende von Kilometern und über schnee- und eisbedeckte Pässe nicht nur Handelswaren aller Art, sondern auch die Ideen und Gedanken der Menschen. Himalaya, Karakorum, Pamir, Hindukusch und Tienshan waren niemals wirkliche Barrieren für Menschen und ihre Denkweisen. Das gilt auch für das 6. vorchristliche Jahrhundert, für eine Zeit also, da die Seidenstraße noch längst nicht ihre spätere Bedeutung hatte.

Kehren wir aber jetzt zurück zum Indien dieser Zeit: Die Veden — einst Lebensregeln für die Menschen, immer wieder weiterentwickelt bis hin zu den *Upanischaden* — waren längst erstarrt, einzementiert von der Kaste der Brahmanen. Sie und ausschließlich sie konnten und durften die Opferriten an die Götter vollführen, sie waren längst nicht mehr nur die geistigen und spirituellen, sondern die eigentlichen weltlichen Machthaber geworden. Sie bestimmten die Regeln menschlichen Zusammenlebens, hatten sich aber ihrerseits vollkommen und rigoros von der Bevölkerung isoliert und jeglichen Kontakt mit der Wirklichkeit menschlichen Lebens verloren. Alle sozialen Strukturen waren versteinert, das Kastenwesen trieb schier unglaubliche Blüten, der Mensch hatte jeglichen Freiraum verloren.

Auf diesem geistigen und gesellschaftlichen Boden wuchsen nun zwei Denksysteme, die in ihrer Zeit als revolutionäre Umwälzungen empfunden werden mußten: Der *Buddhismus* und der *Jainismus*. Die Gleichzeitigkeit ist sicher kein Zufall, eher eben Ausdruck der Situation der Menschen. Der jainistische Prophet *Mahavira* predigte Lebensrichtlinien, die mit jenen des nachmaligen *Buddha* viele Gemeinsamkeiten zeigen. Ohne hier auf Details einzugehen, sei doch erwähnt, daß der Jainismus das auch im Buddhismus bestehende Tötungsverbot ganz besonders streng auslegt. Gläubige Jainas — sie spielen zahlenmäßig im heutigen Indien keine große Rolle, sind aber als tüchtige, harte und vielfach reiche Geschäftsleute bekannt — fegen die Straße vor ihren Füßen, um nicht unabsichtlich ein Insekt zu zertreten, sie tragen Mundbinden, um nicht versehentlich ein Tier einzuatmen.

Doch kommen wir zurück auf den Mann, der der Erleuchtete dieses unseres Weltzeitalters werden sollte, lassen wir nun die Legende sprechen, die zwar auf historischen Tatsachen aufbaut, aber darüber hinaus etwas vom Denken der Menschen verrät, die sie erzählen:

Es ist eine uralte Geschichte, die unendliche Zeiten vor der Geburt des Prinzen *Siddharta* aus dem Fürstenhaus der *Shakyas* in *Kapilavastu* im heutigen Nepal, ihren Anfang nimmt. Aus dem Strom der Zeiten tritt ein Mensch an das Ufer unseres Bewußtseins, in unsere Zeitdimension, in unsere Zeit, die ihr wesentliches Merkmal vergessen hat: Zeit ist nicht linear, sie ist Teil eines Kreises. Nicht die Geschichte wiederholt sich, wohl aber die Zeit, die nicht Anfang hat, noch Ende. Der kleine Prinz, der da wahrscheinlich 563 vor unserer Zeitrechnung geboren wurde, hat schon unendlich viele *Karmas* in sich aufgenommen, er hat viele — unendlich viele — Leben gelebt.

So gilt auch für den Fürstensohn *Siddharta,* der die von Menschen bewohnte Erde betrat, daß es im Grunde genommen keinen Anfang gibt, daß folglich alles schon gewesen sein muß. Doch lassen wir die fromme Legende erzählen:

Schon die Zeugung und die Geburt des zukünftigen „*Erleuchteten"* weist unübersehbar auf die kommenden Ereignisse hin: In blumiger Sprache wird uns erzählt, daß der zur Buddhaschaft Bestimmte nicht auf natürlichem Weg empfangen wurde, denn schon in uralten Schriften heißt es, solche *Bodhisattvas* entstünden nicht aus dem geschlechtlichen Verkehr von Mann und Frau, sondern aus der eigenen Kraft karmatischer Verdienste.

Eine kurze Textstelle aus der Schrift *Lalivistara* soll hier eine bescheidene Vorstellung vom Stil der frommen Sanskrit-Literatur vermitteln, soweit dies bei einer Übersetzung überhaupt möglich ist:

„Von Neugier getrieben, mit den schönsten Räuchergefäßen, Blumen und Girlanden, Salben, weißen Lilien, Duftstoffen und Gewändern beladen, verließen die *Asparis,* die überirdischen Jungfrauen mit göttlichen, herzerquickenden Leibern, des Segens voll, den die Fülle guter Taten und Werke vermitteln, die Wohnung der überirdischen Wesen und begaben sich in die Stadt *Kapilavastu,* den schönsten der großen Orte mit seinen hunderttausend Gärten. Dort in den blühenden Gefilden des Fürsten *Suddhodana*, reich an Schwänen, im großen Palast, der dem des Herrn der Überirdischen gleicht, zeigen die Frauen mit den weiten, wallenden Gewändern, mit dem fleckenlosen Glanz ihrer Verdienste geschmückt, mit den Fingern auf die auf ihrem Lager schlummernde Fürstin *Mahadevi* und sprechen zueinander . . ."

So beginnt die Schilderung der Wahl der Mutter des zukünftigen Erleuchteten. Da nun die Fürstin auserwählt ist, Mutter eines „Erleuchteten" zu werden, bedarf sie der Einwilligung ihres Mannes, des Fürsten *Suddhodana:* „Ich werde, mein Gebieter, von nun an die elf Sittenregeln beachten, deshalb, o König, sollst du dich mir nicht mehr in sinnlicher Lust nähern . . ."

Der Fürst willigt ein: „Ich werde mich nach allen deinen Wünschen richten. Sei ohne Sorge, du beginnst ein edles Leben. Ich und mein Reich werden dir gehorsam sein."

So steigt in einer Vollmondnacht der Regenzeit ein weißer Elefant in den Schoß der *Mahadevi*, die auf ihrem Lager ruht.

Auch die Geburt des nachmaligen Erleuchteten erfolgt nicht auf natürlichem Wege: Als ihre Zeit gekommen ist, lustwandelt die Fürstin in den Gärten der Residenz, im Wald von Lumbini. Während sie voll Entzücken mit dem blühenden Ast eines Baumes spielt, tritt der *Bodhisattva*, der zukünftige *Buddha*, ohne sie zu verletzen, aus ihrer Seite. Er macht je sieben Schritte in die vier Himmelsrichtungen, um symbolisch anzudeuten, daß die Lehre des *Dharma* für alle Menschen gleichermaßen gültig sei.

Die hier nur knapp skizzierte Legende mag ein wenig Einblick in die Denkweise der frommen Menschen gewähren, die sie erzählen. Immer wieder wurden diese Vorgänge in unglaublich zarter Weise von den Künstlern aller Epochen aufgegriffen. Diese Zartheit ist umso bemerkenswerter, als indische Malereien und Skulpturen üblicherweise von einer uns oft schockierenden Offenheit und Direktheit sind. Freilich kannte man in der Frühzeit des Buddhismus keine figürliche Darstellung des *Buddha*. Seine Anwesenheit wurde stets durch ein Symbol, das „Rad der Lehre", seinen Fußabdruck oder seinen Schemel, angedeutet. Erst viel später — besonders in der sogenannten *Gandhara*-Zeit — wird er selbst, dann oft sehr realistisch, dargestellt.

Betrachten wir die Legenden von der Zeugung und der Geburt des Erleuchteten, so wird uns sofort auffallen, daß auch hier die natürlichen Abläufe in Abrede gestellt werden. Dies muß uns in diesem Falle umso mehr überraschen, als die Inder schon immer eine wenig prüde Einstellung zur Erotik und zur Sexualität hatten.

Kehren wir aber zurück zum Prinzen *Siddharta,* der nun am fürstlichen Hof aufwächst. Fürst *Suddhodana* akzeptiert ihn eigenartigerweise sofort als eigenen Sohn und sorgt für eine standesgemäße Erziehung. Er, der doch weiß, daß *Siddharta* biologisch nicht sein Kind sein kann, scheint davon einfach keine Notiz zu nehmen. Er ist beunruhigt, denn eine Prophezeiung besagte, daß aus diesem Knaben einmal entweder ein großer König und Heerführer oder aber ein bedeutender Heiliger werde. Der Fürst zieht den ersten Teil der Weissagung vor, er sieht in *Siddharta* seinen großen und mächtigen Nachfolger. Er umgibt ihn von Anfang an mit allem Prunk und Luxus, der an einem indischen Fürstenhof denkbar ist, er schließt ihn aber auch gänzlich von der Umwelt ab. So wächst der junge Prinz heran, erhält die bestmögliche Ausbildung und wird auch in den Kriegskünsten der damaligen Zeit sorgfältig unterrichtet.

Zur Taktik des Vaters, seinen Sohn voll an weltliche Dinge zu binden, gehört es auch, ihn schon in sehr jugendlichem Alter zu verheiraten.

Doch lassen wir wieder die Legende zu Wort kommen. Sie erzählt uns, daß der junge Prinz *Siddharta* im Grunde nur ein einmal gegebenes Versprechen einlöste, als er *Gopa* heiratete: In einem weit zurückliegenden Weltzeitalter war *Siddharta* ein Brahmakarin, ein Brahmanen-Student. Da ergab es sich, daß *Dipankara,* der Erleuchtete ebendieses damaligen Weltzeitalters, am Wohnort des jungen Studenten lehrte. Dieser wünschte sich nichts sehnlicher, als an dieser Lehrveranstaltung teilhaben zu können, aber woher sollte er die Blumen, die nach der Sitte zu übergeben waren, nehmen, es waren keine mehr aufzutreiben. Da begegnete der niedergeschlagene *Siddharta* einem jungen Mädchen, das fünf herrliche Hibiskusblüten in Händen hielt. Sie erfüllte auch seinen Wunsch nach den Blüten, knüpfte aber scherzhaft die Bedingung daran, *Siddharta* müsse sie in einem der kommenden Leben heiraten.

Als nun Fürst *Suddhodana* die in Frage kommenden Mädchen zur Wahl geladen hatte, geschah der Legende nach folgendes: Alle die hübschen Mädchen aus den ersten Familien des Landes wurden dem Prinzen vorgestellt, jede überreichte ihm ein kostbares Geschenk, das *Suddhodana* für jede vorbereitet hatte. *Gopa* aber war das letzte der Mädchen und sie hatte kein Juwel. *Siddharta* zog einen kostbaren Ring von seinem Finger, um ihr aus der Verlegenheit zu helfen. Das Mädchen aber lehnte lächelnd ab: „Ich bedarf deines Kleinods nicht, *Siddharta,* ich selbst werde dein kostbarstes Juwel sein!" Vielleicht, so möchten wir fast vermuten, hatte *Gopa* das Wissen um die fünf Hibiskusblüten!

So lebt also *Siddharta* sein Leben in einem „Elfenbeinturm", Kontakte mit den Menschen außerhalb der Palastmauern fehlen ihm gänzlich. Seine Frau gebiert ihm — er ist mittlerweile ungefähr achtundzwanzig Jahre alt — einen Sohn, den er *Rahula* nennt. Alles verläuft scheinbar in den vorgegebenen Bahnen.

Doch der Prinz empfindet zunehmend innere Unruhe, eine Unrast, die er sich nicht erklären kann. Gegen den Willen seines Vaters verläßt er mit seinen beiden Knappen *Chandra* und *Chandaka,* die auch seine Freunde sind, den Palastbereich und hat nun als doch immerhin schon reifer Mann die *Vier Begegnungen,* die sein weiteres Leben so grundlegend verändern sollten:

Er bemerkt einen Greis, der „gebeugt wie der Giebel eines alten Hauses", geschwächt und auf einen Stock gestützt, an einer Mauer lehnt. *Siddharta* wird hier das erste Mal bewußt auf die Tatsache der Vergänglichkeit und des Alters verwiesen. Es ist rührend und gleichermaßen befremdlich zu hören, daß die beiden Knappen dem Prinzen, der im „goldenen Käfig" aufgewachsen ist, das Phänomen Alter erklären müssen.

Siddharta kehrt erschüttert in seinen Palast zurück, seine Neugier am Leben aber ist erwacht. Schon wenig später verläßt er wieder seine ummauerte Sicherheit. Dieses Mal sieht er einen Menschen, der von Aussatz bedeckt ist und sich mit Schmerzen auf dem Boden krümmt. Von seinen beiden Freunden erfährt er, daß Krankheit und Siechtum jeden treffen können.

Fürst *Suddhodana* erfährt selbstverständlich von den Ausflügen seines Sohnes und ist zutiefst beunruhigt. Er verstärkt seine Bemühungen, *Siddharta* an weltliche Dinge zu binden. Er veranstaltet prunkvolle Feste mit Reiterspielen und Tänzen. Die Anteilnahme des Prinzen am Leben aber ist unwiderruflich erwacht. Im goldenen Wagen seines Vaters verläßt er wieder den Palastbereich und hat sein nächstes, einschneidendes Erlebnis: Er sieht, wie Menschen einen Holzstoß errichten, ihn mit Blüten schmücken, um ihren Toten den Flammen zu übergeben. Der Anblick der Leiche konfrontiert den Prinzen mit der unausweichlichen Tatsache des Todes, der Endlichkeit. Seine beiden Freunde erklären ihm, daß alles was lebt, auch sterben muß.

Zutiefst erschüttert läßt sich *Siddharta* in den Palast zurückbringen.

Bei der nächsten Ausfahrt aber begegnet er einem Mann, der in Lumpen gehüllt und dessen Haupthaar geschoren ist. Der Prinz läßt anhalten und fragt den Mann: „Warum, Meister, ist dein Kopf anders als der der anderen Männer?" Der Wandermönch antwortet: „Weil ich ein Einsamer bin, einer der sein Haus verlassen hat."

Wir dürfen selbstverständlich nicht den Fehler machen, die *Vier Begegnungen* allzu wörtlich aufzufassen. Sie sind symbolhafte Erzählungen, sie sollen bestimmte Sinngehalte vermitteln, sie sollen dartun, wie ein Mensch sich mehr oder minder über Nacht bestimmter Zusammenhänge und Phänomene des Lebens bewußt wird, an welchen er lange einfach vorbeigegangen ist.

Die weitere Geschichte ist voll von poetischer Dramatik: Buchstäblich über Nacht verläßt *Siddharta* seine Frau, seinen Sohn, seine Familie, seinen Palast, sein ganzes bisheriges Leben. Wieder setzt die bunte Legende ein und erzählt uns die dramatischen Ereignisse: Heimlich weckt *Siddharta* seine beiden Knappen und Freunde *Chandra* und *Chandaka,* befiehlt ihnen, die Pferde zu satteln. Dann reiten die drei hinaus in die Nacht, die Hufe der Pferde berühren den Erdboden nicht, es darf ja niemand im Palast geweckt werden. Der Prinz hat sich nur mit einem flüchtigen Blick auf seine schlafende Frau und seinen Sohn verabschiedet, sie aus dem Schlaf zu wecken, wagt er nicht.

In scharfer Gangart reiten sie, bis im Osten das

erste fahle Licht erscheint. Sie haben einen kleinen Teich erreicht, auf dem weiße, blaue und rote Lotosblüten gerade beginnen, ihre Kelche zu öffnen. Mit dem juwelengeschmückten Schwert schneidet *Siddharta* sein langes Haupthaar als äußeres Zeichen des Machtverzichtes, er legt seine kostbaren Gewänder ab, übergibt sie und sein Schwert den beiden Gefährten mit dem Befehl, sie in den Palast zu bringen und seinen Vater zu bitten, von jeder Verfolgung abzusehen. Weinend verabschieden sich die beiden Freunde *Chandra* und *Chandaka* von ihrem Herrn. *Siddharta* aber erbettelt sich von einem vorbeikommenden Jäger einige Tuchstücke, um seine Blöße zu bedecken. So wandert er, im Innersten zutiefst verändert, hinein in den erwachenden Morgen.

Bevor wir den Weg des Prinzen *Siddharta* weiter verfolgen, eine Bemerkung zu einer uralten indischen Lebensregel, die selbst noch in unsere Gegenwart hineinragt: Im Leben eines Mannes gibt es drei Phasen. Als Kind und Jugendlicher hat er zu lernen, ist er ein „Lehrling des Lebens". Einmal erwachsen, ist es seine Pflicht, eine Familie zu gründen und sie zu ernähren. Wird er dann aber alt, benötigt ihn seine Familie nicht mehr, dann verläßt er eines Tages still sein Haus. Er wandert mit einer Bettelschale durch die Welt, übt Askese und bereitet sich auf das nächste, das kommende Leben vor. Er ist dann also ein Mann, „der sein Haus verlassen hat".

(In diesem Zusammenhang mag man auch an das Neue Testament denken. Dort spricht Jesus zu seinem zukünftigen Jünger: „Verlasse dein Haus und folge mir nach!")

Denkt man an die oben kurz skizzierte indische Lebensregel, mag es ein wenig erklärlicher werden, daß *Siddharta* seine Frau und sein Kind verläßt. Freilich war er zu diesem Zeitpunkt noch jung, wußte aber die Seinen zumindest in materieller Sicherheit.

Indien war im 6. vorchristlichen Jahrhundert ein uraltes Kulturland. Die Brahmanen, ursprünglich nach den Kriegern die zweite Kaste, hatten eine Vormachtstellung inne, die jede gesellschaftliche Entwicklung unmöglich machte. Die Menschen erstickten in einem Dickicht von Kastenvorschriften, es gab keinen Freiraum mehr. In diese Zeit hinein werden zwei Religionsgründer, Siddharta Gautama Buddha und Mahavira geboren, die wir durchaus als Sozialrevolutionäre ihrer Zeit sehen können. Wie in sehr vielen Religionen, wird auch in der frommen Lebensgeschichte Siddhartas, des nachmaligen Buddha, die biologische Zeugung und Geburt in Abrede gestellt. Dies, obwohl — wie wir noch hören werden — der Gläubige in Buddha einen Menschen, keineswegs aber einen Gott sieht.

Die Predigt von Sarnath:
Grundsatzerklärung Buddhas

So verschieden Menschen und ihre Traditionen auch
sein mögen, eines macht sie alle gleich:
Die Tatsache des Lebens und seine Endlichkeit.

Aus dem Prinzen *Siddharta* ist also ein Wandermönch geworden, er „ist ein Einsamer, der sein Haus verlassen hat". Er sucht sich zwei Asketen als Lehrer, wendet sich aber bald von diesen Gurus ab, da er merkt, daß sie ihm auf dem Weg zur Erkenntnis nicht weiterhelfen können. Er kasteit sich, nimmt weder Nahrung noch Wasser zu sich. Bald schließen sich ihm fünf Mönche an, die ihn ob seiner rigorosen Enthaltsamkeit bewundern. *Siddharta* verfällt immer mehr, er leidet unter starken Schmerzen.

Lassen wir wieder die Legende erzählen: Der ehemalige Prinz *Siddharta* liegt sterbend im Straßenstaub. Da gewahrt er — scheinbar einen flüchtigen Augenblick aus der Ekstase erwachend — eine Frau, die sich weinend über ihn beugt. Von ihren Tränen benetzt, fragt er leise: „Wer bist du, daß du mich beweinst?" Sie aber antwortet: „Zehn Monate habe ich dich, mein Sohn, wie einen kostbaren Edelstein in meinem Leibe getragen, es ist deine Mutter, die dich beweint!" *Siddharta* tröstet seine Mutter — ist sie Wahnvorstellung des Sterbenden oder Wirklichkeit, das ist hier wahrlich nicht von Bedeutung — und entsagt von diesem Moment an der Askese. Wir Inhaber eines nüchternen, kritischen und sachlichen Verstandes wissen, daß diese Frau nur ein Trugbild gewesen sein kann: *Mahadevi*, die Mutter *Siddhartas*, ist — so berichten die Schriften — schon wenige Tage nach seiner Geburt aus dem Leben geschieden. Aber: Für manche Menschen verschwimmen Traum und Wirklichkeit und bilden ein anderes Ganzes.

Als nun *Siddharta* wieder Nahrung zu sich nimmt, verlassen ihn seine fünf Begleiter. Sie nennen ihn einen Abtrünnigen, verspotten und verhöhnen ihn als einen Schwächling. Wir werden ihnen aber bald wieder begegnen . . .

Lassen wir uns wieder von der Legende weitergeleiten: Eine sterbende Frau am Straßenrand schenkt *Siddharta* ein Stück ihres Leichentuches, auf das sie so lange gespart hat. Er macht sich daraus eine Kutte, denn die Kleider des Jägers sind ihm schon lange vom Leib gefallen. Ein junges Mädchen — spielt uns unsere Phantasie einen Streich, wenn wir in ihr *Gopa* vermuten? — hört, daß dieser Mann nun wieder Nahrung zu sich nimmt. Sie bereitet ihm ein Reisgericht und bringt es in einer goldenen Schale. *Siddharta* ißt vom Reisbrei und fragt: „Was soll ich mit der goldenen Schale?" Verwundert antwortet das Mädchen: „Tu damit, was immer du für richtig hältst, ich aber vergebe keine Speise ohne ihren Behälter!" *Siddharta* verschenkt die Goldschale nicht, er wirft sie in den Fluß. Auch bei dieser Erzählung ist nicht der berichtete Sachverhalt, sondern dessen symbolischer Sinn wichtig.

Schon mindestens sechs Jahre sind vergangen, seit *Siddharta* den elterlichen Palast und damit sein früheres Leben verlassen hat. Er wandert jetzt durch die fruchtbare Gangesebene und führt das Leben eines Bettelmönchs. Da sieht er eines Tages, wie ein Brahmane *Kusa*-Kraut sammelt. Diese Pflanze spielt im brahmanischen Ritual eine gewisse Rolle, werden doch auf ihren Blättern die Opfergaben dargebracht. *Siddharta* erbittet sich vom Brahmanen einige *Kusa*- Blätter und bereitet sich unter einem alten Feigenbaum einen Meditationssitz. Diese Baumart wird nun *Bodhi*-Baum — Baum der Erleuchtung — genannt.

Siddharta hat Meditationshaltung eingenommen und versinkt in tiefe Trance. In der Nacht kommt *Mara*, der Teufel, das Prinzip des Negativen, um ihn zu versuchen. Er verspricht ihm allen Reichtum und alle Macht auf dieser Erde, wenn er auf die Erleuchtung verzichten würde. *Siddharta* widersteht den Verlockungen des Versuchers und weist ihn kompromißlos ab. (Die Parallele zur Versuchung Jesu ist gleichermaßen auffallend und naheliegend!)

Nach neunundvierzig Tagen intensivster Meditation erlangt nun *Siddharta* die endgültige Erleuchtung, aus dem Prinzen und Wanderasketen ist — wie aus einer Raupe ein Schmetterling — ein *Buddha*, ein Erleuchteter, geworden. Ein Wesen ist damit entstanden, das jenseits des Rades der Wiedergeburten, jenseits aller Dualismen, jeder Polarität, sein *Karma* mit dem *Dharma* identifiziert hat. Dieser *Buddha* hat den Ablauf der Dinge in Raum und Zeit erfaßt, er ist eine Einheit mit dem Universum, mit dem ewigen Kosmos geworden.

Wir wollen versuchen, den Buddha-Begriff unter Verwendung unserer abendländischen Vorstellungen zu definieren:

*W*er ist Buddha, was ist Buddha?

Ein Buddha ist ein *Mensch*, kein Gott. Das ist wichtig. Er ist also ein Mensch, der die absolute Erkenntnis, die absolute Erleuchtung erlangt hat. Für ihn ist sein *Karma* gegenstandslos geworden, da dieses mit dem *Dharma*, dem Gesetz des Absoluten, identisch ist. Nun gibt es aber — und dies erleichtert das Verständnis der Zusammenhänge nicht — verschiedene Buddhas.

Zunächst einmal hat jedes Weltzeitalter „seinen" *Buddha*, seinen Erleuchteten, der eben in diesem Weltzeitalter den Menschen das *Dharma* verkündet. Nach buddhistischer Auffassung gibt es keinen Anfang und daher auch kein Ende in unserem Sinne, Weltzeitalter reiht sich an Weltzeitalter, immer wieder schließt sich der Kreis des Seins. Wir leben im *Kaliyuga*, im „Schwarzen Weltzeitalter". Der Erleuchtete ebendieses *Kaliyuga* ist *Buddha Shakyamuni*, der historische *Buddha* aus dem Geschlecht der *Shakyas*. Der Erleuchtete des vergangenen Weltzeitalters war *Buddha Dipankara*, der des nächsten wird *Buddha Maitreya* sein.

Ein Mensch, der die Erleuchtung erlangt hat, schert aus dem Rad der Leben aus, er unterliegt nicht mehr dem Gesetz der Wiedergeburten, er geht ein in die Absolutheit, in das *Nirwana. Buddha Shakyamuni* jedoch entschließt sich getreu seiner Mission, im Leben, das er ja überwunden hat, zu verbleiben, um den Menschen das *Dharma* zu lehren, so wie es einst *Dipankara* getan hat und wie es im nächsten Weltzeitalter *Maitreya* tun wird.

Neben diesen Menschheitslehrern kennen einige Schulen des Buddhismus noch geistige, abstrakte Buddhas, die als Meditationshilfen und -zentren zu sehen sind. Typische Beispiele in dieser Richtung sind die *Dhyani*-Buddhas, die Ziele einer „Meditationszentrierung" sind. Wir werden ihnen noch bei der Besprechung bestimmter Schulen des Buddhismus begegnen.

Wir haben schon mehrmals den Begriff *Bodhisattva* verwendet. Ohne hier vorgreifen zu wollen, sei schon jetzt gesagt, daß man darunter einen Menschen versteht, der im Verlaufe vieler Leben eine Art Anwartschaft auf die Erleuchtung, auf die Buddhaschaft, erworben hat. Der *Bodhisattva*-Begriff wird uns bei der Besprechung der Ideen des *Mahayana,* des „Großen Fahrzeugs", im Buddhismus noch eingehend beschäftigen.

Verbleiben wir noch einige Augenblicke bei der Erleuchtung *Siddhartas* unter dem *Bodhi*-Baum, dem „Baum der Erleuchtung". Wer denkt dabei nicht an den „Baum der Erkenntnis" der Genesis, von dessen Früchten zu essen dem Menschen verboten war? Heilige Bäume und auch heilige Berge kennt die Menschheit schon seit ihren Anfängen. Sie haben im menschlichen Bewußtsein die Funktion der Weltenachse, die die drei Bereiche, das Überirdische, das Irdische, und das Dunkle, das Unterirdische miteinander verbinden. Dort, wo es keine natürlichen Berge als Weltenachse gibt, baut sich der Mensch künstliche Achsen, wie die Pyramiden Ägyptens, die Ziggurats Babyloniens oder die Türme unseres Abendlandes. Berge, Türme und Bäume sind Symbole der Verbindung verschiedener, sich dem Menschen darbietender Ebenen und Bereiche.

Wandern wir aber jetzt mit dem Prinzen *Siddharta*, der ein Asket wurde, das Asketentum dann als nicht zielführend überwand und schließlich in tiefer Meditation die Erleuchtung fand, ein *Buddha* wurde, weiter durch die Gangesebene. Dort gibt es noch heute einen „heiligen Ort", den die Briten Benares nannten. Wir aber wollen bei der indischen Bezeichnung Varanasi bleiben. Er ist so gut wie in jeder Indien-Rundreise enthalten. Die Touristen lassen sich an den berühmten Ghats entlangrudern und bewundern mehr oder minder verständnislos die Frömmigkeit der Hindus, die bei Sonnenaufgang ihr rituelles Bad absolvieren. Sie können nicht verstehen, daß hier tiefste Frömmigkeit und sehr profane Dinge, wie zum Beispiel die bunte Reklame für ein weltbekanntes Erfrischungsgetränk, so nahe beieinanderliegen und offensichtlich keinen Widerspruch darstellen.

Dieses Varanasi ist schon seit urdenklichen Zeiten ein heiliger Ort, ein Ort, an dem die Kräfte des Kosmos besonders konzentriert wirksam werden. Dorthin also wandte sich *Buddha*, in einem

Gazellenhain in Sarnath nahe Varanasi hielt er seine erste Predigt, dort „setzte er das Rad der Lehre in Bewegung". Es wird uns nicht weiter wundern, daß uns die Legende versichert, seine ersten Zuhörer seien eben jene fünf Asketen gewesen, die ihn empört und hohnlachend verlassen hatten, als er seine Askese unterbrach.

Hören wir jetzt die „Vier edlen Wahrheiten" und den „Achtfachen Pfad", verkündet von *Siddharta Gautama Buddha* aus dem Fürstenhaus der *Shakyas* (Buddha Shakyamuni) vor rund zweitausendfünfhundert Jahren:

„**D**ies, ihr Mönche, ist die Wahrheit vom Leiden: Geburt ist Leiden, Altern ist Leiden, Tod ist Leiden, mit Unliebem vereint zu sein, ist Leiden, nicht zu erlangen, was man begehrt, ist Leiden, kurz: Das fünffache Haften am Irdischen ist Leiden."
„Dies, ihr Mönche, ist die heilige Wahrheit von der Entstehung des Leidens: Es ist der Durst nach Sein, der von Wiedergeburt zu Wiedergeburt führt, samt der Lust und der Begier, der Durst nach Werden, der Durst nach Macht."
„Dies, ihr Mönche, ist die heilige Wahrheit von der Aufhebung des Leidens, es ist der Achtfache Pfad, der da heißt: Reiner Glaube, reiner Wille, reine Rede, reine Tat, reine Mittel zur Fristung des Lebens, reine Aufmerksamkeit, reines Gedächtnis und reine Betrachtung."

So also lehrt *Buddha Shakyamuni* im Gazellenhain von Sarnath. Bei oberflächlicher Betrachtung könnte man meinen, er predige einen Weg der Abkehr, der Askese, der Passivität dem Leben gegenüber. Das ist aber so ganz und gar nicht der Fall. Immer wieder betont er in seiner Lehre den „Weg der Mitte", der weder die Abwendung noch die bedingungs- und ausnahmslose Anbetung des Irdischen *(Samsara)* sein kann.

Nach der ersten Lehrveranstaltung im Gazellenhain von Sarnath wandert der Erleuchtete durch Indien und sammelt rasch eine immer größer werdende Gemeinde um sich. Es entsprach auch einer alten Tradition, daß wohlhabende Leute weisen Männern und deren Anhängern Unterkunft gewährten. Diese Gemeinden verbrachten dann einige Wochen oder auch Monate in den Gartenanlagen ihrer Gönner, die auch für Verpflegung sorgten. Immer wieder schlossen sich dann Menschen diesen Wanderorden an und leisteten ihrem Meister kürzer oder länger Gefolgschaft. Auch *Buddha Shakyamuni* sammelte solch einen sich rasch erweiternden Kreis um sich, es bildete sich ein Orden. Zunächst ist diese Gemeinschaft der Anhänger *Buddhas* eher locker, ihr anzugehören, genügt es, die „Zufluchtsformel" zu sprechen:

„Ich nehme zu *Buddha,* dem Erleuchteten, meine Zuflucht, ich nehme zum *Dharma,* dem ewigen Gesetz, meine Zuflucht, ich nehme zur *Sangha,* der Gemeinschaft, meine Zuflucht!"

Buddha Shakyamuni wird über achtzig Jahre alt. Sein Leben verläuft allerdings keineswegs harmonisch. Ehrgeizige Schüler wollen die Führung der sich immer weiter ausbreitenden *Sangha* an sich reißen, sie intrigieren gegeneinander, ja es kommt sogar zu Mordanschlägen auf den Erleuchteten. Immer wieder wird versucht, die Integrität *Buddhas* anzuzweifeln, seine Autorität zu untergraben, seinen Ruf zu vernichten.

Lassen wir wieder einmal die Legende zu Wort kommen: Eines Tages stürmt eine scheinbar schwangere Frau auf den Erleuchteten zu und beschuldigt ihn, sie geschwängert zu haben. Unter den Augen *Buddhas* aber fällt ihr der Polster, mit dem sie die Schwangerschaft vortäuschen wollte, unter dem Rock hervor, kreischend läuft sie davon.

Es ist unschwer, sich vorzustellen, daß sich *Buddha* vor allem auch unter den Brahmanen erbitterte Feinde schuf: Er war es doch, der das Kastenwesen bedingungslos ablehnte. Was das zu dieser Zeit bedeutet haben mußte wird klar, wenn man bedenkt, daß die Abschaffung der Kasten trotz gesetzlicher Maßnahmen bis heute noch nicht wirklich gelungen ist.

Siddharta Gautama Buddha starb wahrscheinlich im Jahr 483 v. Chr. „Alles Zusammengesetzte ist vergänglich, laßt nie ab, euch zu bemühen!" Das waren der Überlieferung nach die letzten Worte des Glückseligen vor seinem Heimgang in das *Nirwana.*

Buddha war also ein Mensch, ein Mensch, der die Erkenntnis erlangt hatte und so zum Menschheitslehrer werden konnte. Ob man seine Lehre nun als Religion im abendländischen Sinne oder als Lebensphilosophie, Lebenshilfe und -weisheit sehen will, bleibt wohl jedem überlassen, wenn auch der Buddhismus — also die „Kirche", die aus der Lehre *Buddhas* wurde — heute zu den Weltreligionen gezählt wird.

Prinz Siddharta ist zu einem Wanderasketen geworden. Er macht die Erfahrung, daß die Askese nicht zur Erkenntnis führt, er verläßt diesen Weg. In tiefer Meditation erlangt er die Erleuchtung, er wird zum Buddha, zum Menschheitslehrer. Zunächst zweifelt er an der Mitteilbarkeit seiner Erkenntnis, setzt aber dann mit seiner Predigt zu Sarnath „das Rad der Lehre in Bewegung". Die „Vier edlen Wahrheiten" und der „Achtfache Pfad" sind die Grundlage seiner ethisch-moralischen Forderung zur Überwindung des Leidens. Sie sind somit Richtschnur menschlichen Seins und menschlichen Zusammenlebens. Buddha zieht nun lehrend durch das Land und sammelt eine Gemeinschaft um sich, die sich zunehmend als Orden (Sangha) fühlt. Es kommt unter den Schülern Buddhas noch zu dessen Lebzeiten zu Streitigkeiten, ja sogar zu Anschlägen auf das Leben des Erleuchteten. Er stirbt dann im Alter von über achtzig Jahren, wahrscheinlich an Ruhr.

Karma und Dharma,
Maya und das Lebensrad

*Alle Erscheinungen der irdischen Welt sind relativ,
daher Illusion.*
Persönliche Kausalkette, absolutes Gesetz.

Wir haben in den vorangegangenen Kapiteln Begriffe verwendet, die uns Abendländern fremd sind, obwohl wir sie gelegentlich benutzen. Jetzt, da wir beginnen, uns schon ein wenig mit der fremden Denkweise vertraut zu machen, ist es an der Zeit, etwas näher in sie einzudringen.

Im Rahmen der „vier edlen Wahrheiten" haben wir gehört, daß das Leiden ein integrierender Bestandteil jedweden Lebens ist. Dies ist durch die Relativität aller irdischen Erscheinungen verursacht. Nichts ist absolut, nichts existiert in sich unabhängig, daher kann nach buddhistischer Auffassung nichts „wirklich" sein. Alle Phänomene, die sich unseren Sinnen darbieten, sind also *Maya*, das heißt, sie sind Illusionen, sie sind eben nicht „wirklich".

Diese Erkenntnis bezieht sich folgerichtig auch auf das Selbst, auf das *Ich. Tenzin Gytso*, der 14. *Dalai-Lama* formuliert das so: Das *Ich* ist eine Zusammensetzung, unabhängig von Raum und Zeit. Moleküle und Atome, die dieses relative *Ich* bilden, waren einst Bestandteil anderer Zusammensetzungen und werden wieder andere Formen annehmen. Nichts ist also absolut, nichts ist im Sinne des Absoluten „wirklich", alles ist *Maya*, nichts hat Dauer.

Es wäre nun aber ganz falsch, anzunehmen, daß diese buddhistische Betrachtungsweise nihilistisch wäre. Der Buddhist ist keineswegs weltfremd, er erkennt die Wichtigkeit der illusionären Erscheinungen durchaus, er verschließt sich ihnen nicht!

Nun folgen aber irdische Phänomene — daher auch wir Menschen — wie bereits gesagt, einem kompromißlosen Kausalprinzip: Jede Handlung, jede Nicht-Handlung, jeder Gedanke, jeder Nicht-Gedanke bedingt die nächste Handlung, die nächste Nicht-Handlung. Diese Bedingtheiten sind die Grundlage jeglichen Seins, man nennt sie *Karma*. Karmatische Verflechtungen drehen das „Rad der Leben", das „Rad der Wiedergeburten", sie schaffen das Relative, das Nicht-Absolute.

Der Gedanke des *Karma* beinhaltet die Polarität, die Dualität, die Gegensätzlichkeit. Alle mit unseren Sinnen wahrnehmbaren Erscheinungen sind nur im Spannungsfeld der Gegensätzlichkeit möglich. Die Dualität ist aber dann zwangsläufig nur Relativem, nicht aber Absolutem eigen.

Die Absolutheit, das absolute Gesetz an sich, ist das *Dharma*. Ein kosmisches Gesetz des Absoluten kennt die Polarität, den Dualismus nicht. Somit sind Gegensätzlichkeiten im Bereich des *Dharma* gegenstandslos, Sein und Nicht-Sein, Leben und Nicht-Leben, Licht und Nicht-Licht sind nicht mehr, Anfang und Ende haben ihren Sinn verloren. Das *Dharma* ist apersönlich, denn Personifikation hieße Eigenschaftlichkeit und diese wiederum Gegensätzlichkeit.

Nun sieht der Buddhist die Sinnhaftigkeit des

Lebens, oder besser gesagt: der Leben, darin, sein persönliches *Karma* dem absoluten *Dharma* anzunähern. Sind dereinst *Karma* und *Dharma* identisch, dann ist das *Karma* gegenstandslos, denn es gibt keine Polarität. Diese Identifizierung von *Karma* und *Dharma* ist die Erleuchtung, ist die Buddhaschaft, sie ist das *Nirwana*. Die Vorstellung, daß dazu unzählige Leben — die Zeit ist ja relativ und daher *Maya* — erforderlich sind, stört den Buddhisten nicht, ist für ihn doch das Faktum Wiedergeburt eine Selbstverständlichkeit. Für ihn ist ein einmaliges Leben mit einem Ende im Tod unbegreiflich und unlogisch.

Was aber wird wiedergeboren? Nicht das persönliche *Ich*, das *Selbst*, sondern die karmatische Verflechtung, die kausalen Zusammenhänge sind es, die wiedergeboren werden. Eine persönliche Seele unserer Vorstellung kennt der Buddhismus genausowenig wie der Hinduismus. Nur wenigen Menschen, die schon sehr nahe der Identifikation ihres *Karma* mit dem *Dharma* sind, ist es gegeben, sich an frühere Leben zu erinnern, die dann wie ein offenes Buch vor ihnen liegen.

Noch einige Worte zu dem oft mißbrauchten Begriff *Nirwana*. Es handelt sich hier keinesfalls um einen Ort, einen Himmel zum Beispiel, gemeint ist vielmehr ein Zustand, der sich der Beschreibung entziehen muß, da er dem Bereich des Absoluten zugehört und daher eigenschaftslos ist.

Wir wollen jetzt einen Blick auf das *Bhava Chakra,* das „Lebensrad" werfen. Das *Bhava Chakra* ist den Tafelbildern auf gotischen Altären vergleichbar. Beide wurden für Menschen geschaffen, die nicht lesen können. Ihnen soll das Bild einen Sinngehalt erzählen. Sie waren — oder sind — also für Menschen bestimmt, die eine Sprache der bildhaften Symbole zu lesen verstehen. Uns Abendländern ist diese Fähigkeit inzwischen weitgehend verlorengegangen. In einer bildlichen Darstellung werden die sechs Bereiche geschildert, in die ein Wesen hineingeboren werden kann, wobei sein karmatischer Zustand bestimmend ist. Wir finden diese *Bhava-Chakra*-Darstellungen häufig vor den Eingängen in *Lhakangs,* das sind Gebetsräume in buddhistischen Klöstern.

Eine „schreckerregende Wesenheit" hält ein sechsspeichiges Rad in seinen Klauen. Man hat immer wieder versucht, diese Dämonengestalt — sie symbolisiert offensichtlich die Vergänglichkeit — zu analysieren. Manche halten sie für den Totenrichter *Yama,* wahrscheinlich aber wird hier nur das verbissene Festhalten an den illusionären Dingen des irdischen Seins angedeutet, die Gier der Kreatur nach Sein. Eine andere Auffassung sieht in dieser Figur *Mara,* den Teufel, der sich an alles klammert, was ist und lebt.

In der Mitte des Rades erscheinen drei Tiere: Das Schwein als Symbol für Unwissenheit und Dummheit, der Hahn für Sinnlichkeit und Begierde und die Schlange für Haß, Zwietracht und Feindseligkeit. Diese drei Symboltiere beißen sich in den Schwanz, ihr Eigenschaften bedingen einander, sie sind die Triebkräfte, die das „Rad des Lebens" in Bewegung halten.

Betrachten wir nun die sechs Felder des *Bhava Chakra:* Ganz oben ist der Bereich der „Götter". Da wir der Frage der Gottesdefinition ein eigenes Kapitel widmen wollen, sei hier nur angedeutet, daß diese „Götter" nicht frei von karmatischen Verflechtungen und daher sterblich sind. Aus buddhistischer Sicht kann es nicht Zielvorstellung des Menschen sein, in diesen Bereich hineingeboren zu werden.

Im nächsten Feld im Uhrzeigersinn findet sich der Bereich der „Titanen", der *Asuras.* Zwischen ihnen und den „Göttern" wächst der „Baum der Erkenntnis aller Dinge", die Wurzeln sind im Bereich der *Asuras,* die niemals reifenden Früchte aber bei den „Göttern". Die kriegerischen „Titanen" lieben den Prunk und auch die Ausschweifung, ihr König vergnügt sich mit seinen Frauen. Ein grüner Buddha weist den Weg zur Sittlichkeit. Diese *Asuras* sind selbstverständlich auch dem *Karma* unterworfen und daher sterblich. Manchmal finden wir auch die Bereiche der „Götter" und der „Titanen" in einem Feld zusammengefaßt.

Meistens folgt — gehen wir im Uhrzeigersinn weiter — die Daseinsform der *Preta,* der „Hungergeister". Sie waren in ihrem menschlichen Leben engstirnig, geizig und über alle Maßen habgierig. Vor ihnen sind Speisen und Getränke aufgetürmt, die sie trotz ihres Heißhungers nicht genießen können: Ihr Schlund ist zu eng. Im Volksglauben treiben sich diese *Pretas* an den Stätten der „Himmelsbegräbnisse" herum und schaden den lebenden Menschen. Als Tröster der so gepeinigten *Pretas* finden wir in diesem Feld meistens *Avalokiteshvara*, den „Herrn des bedingungslosen Mitleids". (Wir werden später noch ausführlich über diese Gestalt zu sprechen haben.)

Im unteren Sektor des *Bhava Chakra* ist meistens das Feld der „Höllengeister". Es ist phantasievoll ausgestaltet, die Darstellungen erinnern an Bilder von Hieronimus Bosch. Die dorthin verdammten Wesen leiden gleichermaßen unter Feuerqualen und Eiseskälte, sie erleiden alle nur erdenklichen Martern und Torturen. In ihrer Mitte aber sitzt *Yama* und hält einen Spiegel in Händen. Betrachtet man dieses Feld, so drängt sich ein Vergleich mit der christlichen Höllenvorstellung auf. Es besteht aber ein ganz wesentlicher Unterschied: Im buddhistischen Denken hat die ewige Verdammnis keinen Platz. Die „Höllengeister" im *Bhava Chakra* werden wieder in einen anderen Bereich der Leben zurückkehren. Der Buddhist kann sich unter einer linearen Ewigkeit nichts vorstellen. Auch — und das ist für uns sicher nicht leicht faßbar — sind alle Bereiche des *Bhava Chakra Maya* Illusion und existieren daher nicht wirklich im Sinne des Absoluten.

Nun folgt — wieder im Uhrzeigersinn — der Bereich der Tiere. Unwissenheit, blinde Gier nach Sein und Willensschwäche können dazu führen, daß ein Wesen so wiedergeboren wird. Die bildliche Darstellung zeigt die Unterjochung der Tiere durch den Menschen, sie werden mit schweren Lasten beladen, geschlagen, vor den Pflug gespannt und — so sie als Last- und Arbeitstiere Verwendung finden — auch kastriert. Nach der uns Abendländern eigenen Logik ist schwer zu verstehen, wie ein Wesen aus diesem Bereich in eine höhere Daseinsform aufsteigen kann. Das dienende, das sich opfernde Prinzip scheint hier als Möglichkeit der karmatischen Verbesserung aufgefaßt zu werden.

Nun schließt sich der Kreis mit dem Bereich der Menschen. Die Wiedergeburt in dieser Daseinsform ist die eigentlich erstrebenswerte, hat doch nur allein der Mensch die Möglichkeit, sein *Karma* aktiv dem *Dharma* anzunähern und dereinst mit ihm zu identifizieren. Diese aktive Fähigkeit ist den anderen Seinsformen verschlossen. So thront auch in der Mitte des Feldes der Menschen *Buddha Shakyamuni*, der das *Dharma* verkündet.

Der Rand der sechs Bereiche des *Bhava Chakra* teilt sich in zwölf Zonen, die die Glieder der Kausalkette versinnbildlichen. Als Symbole werden Szenen aus dem Alltag verwendet. So ist zum Beispiel das Unwissen durch eine blinde alte Frau, die das *Karma* verursachenden Triebe durch einen arbeitenden Töpfer, die sechs Sinne durch ein Haus mit fünf Fenstern und einer Türe, die Begierde und Sinnlichkeit durch einen Wein trinkenden Mann, und so weiter dargestellt. (Der Buddhist kennt fünf Sinne, die analog zu unseren Vorstellungen sind, und rechnet noch das Denkvermögen dazu.)

Zwischen dem Zentrum des Rades mit den Tiersymbolen und den sechs Daseinsbereichen findet sich oft ein Ring, der zur Hälfte schwarz, zur Hälfte weiß gezeichnet ist. Hier wird auf den Auf- und Abstieg des Menschen während der neunundvierzig Tage des *Bardo* — des „Zwischenzustandes" zwischen Tod und Wiedergeburt hingewiesen. Auf den *Bardo* und den *Bardo Thödol* — wie das tibetische „Totenbuch" genannt wird — werden wir noch einzugehen haben.

Wir haben uns hier mit dem *Bhava Chakra* etwas näher auseinandergesetzt, weil diese Darstellung doch einen gewissen Einblick in die uns fremde Denkwelt vermittelt. Freilich kann dies in diesem Rahmen nur sehr skizzenhaft geschehen. Auch muß angemerkt werden, daß diese Darstellung des *Bhava Chakra* nicht allen Schulen des Buddhismus eigen ist, unser Beispiel — es gibt eine Reihe von Varianten — ist dem tibetischen Bereich entnommen.

Karma, ein Begriff, den der Buddhismus aus dem Hinduismus übernommen und ausgeweitet hat, ist eine Kausalkette, die allen irdischen Phänomenen — also auch dem Menschen — eigen ist. Im menschlichen Bereich kann sie als Erscheinung des Seins in Eigenverantwortlichkeit aufgefaßt werden. Karma ist im Bereich des Relativen, des Nicht-Absoluten angesiedelt. Das Dharma — ebenfalls aus dem hinduistischen Bereich stammend — ist hingegen ein absolutes, kosmisches, unpersönliches, eigenschaftsloses Gesetz, das sich der Buddhist in sich selbst ruhend vorstellt. Sinn menschlichen Seins ist es, das persönliche Karma dem Dharma anzunähern und letztlich eine Identifikation zu erreichen. Diese Identifikation ist die Erleuchtung, die Buddhaschaft, das Nirwana.

Die sechs Bereiche, in die ein Wesen geboren werden kann, sind anhand des Bhava Chakra dargestellt. Dieses „Lebensrad" kann als symbolische Darstellung des Weltbildes im Buddhismus gelten.

Der Gottesbegriff
aus buddhistischer Sicht

Die Götter sind sterblich, sie unterliegen den Gesetzmäßigkeiten des Karma, sie sind eine der sechs möglichen Daseinsformen.

Die einen sagen, der Mensch habe aus Angst begonnen, sich Götter zu schaffen. Die Furcht vor den Naturgewalten habe ihn dazu getrieben, etwas anzubeten. Die Angst als — ausschließliches — Motiv jedweder Religiosität ist allerdings nicht sehr wahrscheinlich. Waren es nicht vielmehr das begeisternde und das erschütternde Prinzip, die den Menschen beten lehrten? War nicht dieses Wesen, das sich zum Menschen entwickelte und lernte, das Außen und das Innen zu reflektieren, gleichermaßen begeistert und betroffen, als sich Bilder und Begriffe in ihm abzubilden begannen? So lernte der Mensch letztlich die Gottheit kennen.

Während der — in Zeitkategorien der Evolution gesehen — kurzen Zeit, in der menschliche Wesen diesen Planeten bevölkern, haben sich verschiedenste Vorstellungswelten entwickelt, die bei aller tatsächlichen oder scheinbaren Unterschiedlichkeit den gemeinsamen Nenner Mensch nicht verleugnen können. Diese Gemeinsamkeit sollten wir nie vergessen, sie muß stets in unserem Bewußtsein bleiben.

Mit unerhörter Eindringlichkeit und Dramatik schildert uns das Alte Testament die Geburt des

Gedankens von dem *einen* Gott. Aus diesem Denkansatz entstehen dann die drei monotheistischen Religionen, der Judaismus, das Christentum und der Islam. Sie nehmen rigoros für sich in Anspruch, das einzig Wahre, das einzig Richtige auszusagen, sie wachen mehr oder minder kompromißlos darüber, diesen ihren Alleinanspruch auch durchzusetzen. Alles andere scheint ihnen verwerflich, ist Heidentum.

Freilich sollte man Religion und Konfession auseinanderhalten, letztere hat ja nicht selten Machtpolitik betrieben, und tut es heute noch. Die Arroganz und Überheblichkeit stempelte jeden Andersdenkenden zum Minderwertigen, eben zum Heiden, zum Primitiven. So ist es auch nicht weiter verwunderlich, daß der Gottesbegriff des Monotheismus stets als der einzig mögliche, als der einzig denkbare dargestellt wurde. Die „armen Heiden" waren eben primitiv, weil sie „viele, scheußliche Götter" haben. Kaum jemand hat ernsthaft versucht, in die fremde, die andere Denkweise Eingang zu finden und so ein korrektes Bild zu ermöglichen. Es mußte ja auch etwas Minderwertiges sein, das beruhigte offensichtlich das Gewissen der jeweiligen Ausbeuter.

Im Zusammenhang mit den „primitiven" Göttern Indiens soll hier ein Ausspruch eines indischen Weisen, *Swami Sundrananda,* in einem Gespräch mit dem Autor zitiert werden: „Der Götter sind Millionen, *Gott* aber ist nur *einer!"* Wir erkennen, daß es sich um ein Definitionsproblem handelt.

Alle monotheistischen Religionen sehen ihren

Gott mit Eigenschaften versehen: Er ist allmächtig, allwissend, allerbarmend und weise. Er spricht aber auch im Zorn: „Mein ist die Rache, spricht der Herr!" Er ist auch tätig, er schafft die Welt, den Menschen, er verursacht die Sintflut, er offenbart sich den Propheten. Die Eigenschaftlichkeit Gottes ermöglicht überhaupt erst die Vorstellung von einem Schöpfergott, der Tatbestand der Schöpfung setzt eben diese Eigenschaftlichkeit zwingend voraus.

Das hat der Theologie und der Religionsphilosophie aller Religionen und Zeiten immer wieder beträchtliche Denkschwierigkeiten bereitet. Ein eindrucksvolles Beispiel dafür im christlichen Bereich ist die Lehre des *Marcion,* die — hätte sie sich durchzusetzen vermocht — dem Christentum eine völlig andere Richtung gegeben hätte. Der Gedanke eines *Demiurgen* — eines Baumeisters, der zwischen Gott und der Materie steht — als Weltenschöpfer war immer wieder Folge der Vorstellungsschwierigkeiten eines mit Eigenschaften behafteten Gottes.

Wir wollen uns aber nicht zu weit auf das Gebiet der Religionsphilosophie vorwagen und wieder zu unserem Thema, der buddhistischen Gottesvorstellung, zurückkehren.

Der Buddhismus kennt wie schon gesagt keinen persönlichen, also eigenschaftlichen Gott. Das *Dharma* ist das kosmische, das universelle, das absolute Gesetz. Die Absolutheit aber schließt Polarität zwingend aus. Ein Fehlen von Gegensatz jedoch schließt wieder Eigenschaftlichkeit aus, das heißt, die Frage nach dem Sein oder Nicht-Sein ist in sich gegenstandslos. Die Absolutheit, das *Dharma*, ist — so drückt sich der Buddhist aus — „leer". Er nennt diese Leere *Sunyata* und folgert, daß alle Dinge, alle Erscheinungen inklusive des eigenen *Ich* in letzter Konsequenz in der Absolutheit ruhen und daher „leer" sind.

Nochmals sei darauf verwiesen, daß diese Vorstellungen nichts mit Nihilismus zu tun haben. Im Gegenteil: Der Buddhist ist weltzugewandt und weiß sehr wohl um die Bedeutung irdischer Zusammenhänge, sind sie doch Substrat seines *Karma*, das er formen kann, das ihm seine persönliche und ureigenste Verantwortung ermöglicht und auferlegt.

Im Buddhismus gibt es keinen Gott

Aus dem Gesagten geht hervor, daß der Buddhismus eine Gottheit, wie wir sie definieren, nicht erkennen kann. Unterlegt man also die bei uns übliche Gottesdefinition, dann ist der Buddhismus eine atheistische Religion. Nun taucht zwangsläufig ein schier unüberbrückbarer Widerspruch auf: Besonders im *Mahayana* und im *Vajrayana* gibt es doch Tausende Götter, ein schier unübersehbares Pantheon von Gottheiten — auch solche mit schreckerregendem Äußeren — steht in den Tempeln, eine seltsame, oft obskure Symbolsprache sprechend, mit allen ihren Attributen, Körper- und Handhaltungen, den *Asanas* und *Mudras.*

Nun, der Widerspruch ist ein scheinbarer: Die Götter im Buddhismus gleich welcher Schule sind dem *Karma* unterworfen, sie sind folglich sterblich und vergänglich. Wenn ihre karmatischen Verdienste eines Tages aufgebraucht sind, werden sie sterben und in einem anderen Bereich des *Bhava Chakra* wiedergeboren werden.

Schon diese kurzen Ausführungen zeigen, daß hier andere Begriffsdefinitionen vorliegen. Analoges gilt auch für den Hinduismus.

Nun kommen wir nochmals kurz auf das *Bhava Chakra* zurück: Ja, Götter leben ein luxuriöses, sorgenfreies und schönes Leben. Aber — und das ist das Ausschlaggebende — sie brauchen ihre karmatischen Verdienste auf und gehen dann wieder ein in den Kreislauf der Leben. Wir müssen zur Kenntnis nehmen, daß verschiedene Kulturkreise verschiedene Gottesdefinitionen haben. So ist zum Beispiel dem Islam der Gedanke, daß Gott einen Sohn hat, ein Greuel.

Noch einige Worte zu den Götterbildern und -statuen im buddhistischen Bereich: Sie sind im Grunde nichts als Meditationshilfen, sie stellen jeweils bestimmte Aspekte der Lehre dar. Diese Wesenheiten — seien es Buddhas, Boddhisattvas, Götter, *Dakinis* oder *Yidams* — werden nicht im eigentlichen Sinne angebetet. Wir könnten sie als Meditationskatalysatoren sehen. Der spirituell Fortgeschrittene bedarf ihrer auch nicht mehr, er hat die spirituelle Krücke nicht mehr nötig. Im *Bar-*

do Thödol sagt der *Lama* auch dem Sterbenden, daß die ihm erscheinenden Götter nicht wirklich seien, daß sie in ihm selbst entstehen.

Allerdings muß in diesem Zusammenhang auch vermerkt werden, daß im einfachen Volksglauben viele vorbuddhistische Vorstellungen verblieben sind. Hier gibt es zweifelsfrei Übergänge zu dem, was wir unter Anbetung verstehen. Dazu kommt — ebenfalls vorbuddhistischen Ursprungs — der Glaube an Geister und Dämonen, an die Wirksamkeit bestimmter Beschwörungsformeln und Amulette und vieles andere mehr, das wir in den Bereich der Magie ansiedeln müssen. Hier vermischen sich die Grenzen zwischen Religion, uralten Volksbräuchen und Aberglauben.

> *Unsere Gottesdefinition ist auf die buddhistischen Götter nicht anwendbar, die sterblich gedacht werden. Wir wollen daher im weiteren Verlauf unserer Überlegungen von „Wesenheiten" sprechen, um Begriffsverwirrungen tunlichst zu vermeiden. Der Dharma ist absolut, daher eigenschaftslos und „leer".*

Die „Drei Fahrzeuge"
im Buddhismus

Klöster und Orden entstehen, Lehrmeinungen bilden sich, allen sind die „Vier edlen Wahrheiten" und der „Achtfache Pfad" gemeinsam.

Es scheint eine gewisse Gesetzmäßigkeit darin zu liegen, daß aus Gedanken und Inspirationen der Menschen Institutionen werden, aus Religionen werden Konfessionen und „Kirchen". Auch der Lehre des Erleuchteten ist dies widerfahren, es sind eine ganze Reihe von Richtungen, von „Schulen" entstanden. Hier gilt es, zunächst die wesentlichen — sie werden „Fahrzeuge" genannt — zu erklären.

Wir haben bei der Erwähnung der „Zufluchtsformel" von der *Sangha*, der entstehenden Mönchsgemeinschaft, gehört. Die Mönche der ersten Stunde haben nach dem Tod *Buddhas* dessen Aussprüche gesammelt und niedergeschrieben. So entstanden die ersten „kanonischen Schriften". Wir haben aber auch schon angedeutet, daß schon zu Lebzeiten des Erleuchteten Meinungsverschiedenheiten und Zerwürfnisse auftraten. Auch beim ersten buddhistischen Konzil im *Rajagriha* kurz nach dem Heimgang Buddhas prallten die Lehrmeinungen schon recht heftig aufeinander.

Heute ist immer wieder vom „Urbuddhismus" die Rede, was immer das auch sein mag. Es gab und gibt abendländische Autoren, die den *Hinayana*,

das „Kleine Fahrzeug", als die „reine", die „ur-
sprüngliche", die „unverfälschte" Form der Lehre
apostrophieren. Abgesehen davon, daß der Streit
um den Wert einer Schule schon ganz und gar unbuddhistisch ist, darf nicht vergessen werden, daß
viele Gedanken *Buddhas* im Laufe der Jahrhunderte
Kultur- und Geistesgut anderer — nichtindischer
— Völker in sich aufgesogen haben. Zwei Dimen-
sionen sind es, die in der Entwicklung des Buddhismus wirksam wurden: Die Zeit und die geogra-
phisch bestimmten Gegebenheiten der Kulturen.

Zunächst galt es, die Lehre des *Buddha* von hin-
duistischem Gedankengut abzugrenzen. Alle
Grundsätze mußten in den ersten Kanons, den *Sutren,* formuliert und niedergelegt werden. Nun hat
aber ein von Anfang an bestehendes und sich ver-
stärkendes elitäres Verhalten der Mönche schon
sehr frühzeitig zur Ausbildung einer Art Volks-
religion geführt, die sich abseits der spitzfindigen
Spekulationen der Mönche ausbildete, die im Volk
nicht mehr mitvollzogen wurden. Schon hier sind
die Wurzeln der späteren „Schulen", dem
Mahayana und dem *Vajrayana,* erkennbar. Diese
Entwicklung wurde von der Tatsache gefördert,
daß buddhistisches Denken weitgehend frei von
Dogmatik ist.

*D*as „Kleine Fahrzeug"

Die Entstehung des *Hinayana* als eine mehr oder minder festgefügte Einheit hängt eng mit der Seßhaftwerdung der *Sangha,* der Mönchsgemeinschaft, zusammen. Anfänglich zog — wir haben es schon erwähnt — diese Gruppe durch das Land und verweilte in Gärten, die ihr von reichen Sympathisanten zur Verfügung gestellt wurden. Dorthin zogen dann auch die Menschen der Umgebung, hörten sich die Predigten und Lehrreden an, und der eine oder der andere verblieb dann in der *Sangha,* deren Lehre und Lebensweise ihn überzeugte. Schwierig wurde es allerdings in der Regenzeit. Aber schon bald fanden sich reiche Gönner, die feste Bauten errichten ließen oder bestehende zur Verfügung stellten.

So entstanden die *Viharas,* die Klöster. Die Mönche dort entwickelten sich aber vielfach zu Eiferern, die sich immer mehr abkapselten und immer weiter in den Elfenbeinturm ihrer Gelehrsamkeit zurückzogen. Es entstand ein mönchisches Elitebewußtsein mit immer straffer werdenden Ordensregeln. Nicht mehr die Lehre des Erleuchteten war das Wichtige, entscheidend war die Einhaltung der zu starren Gesetzen gewordenen Ordensregeln. Das institutionalisierte Mönchstum war stolz auf seine asketische Lebensführung, auf seine Weltabgewandtheit. So entstand im Rahmen des *Hinayana* eine Strömung, die so buddhistisch eigentlich gar nicht mehr war, hatte doch der Erleuchtete stets den *Weg der Mitte* gelehrt:

Zunächst waren in der buddhistischen Lehre *Maitri* (Freundschaft) und *Karuna* (Mitleid) die führenden Tugenden. Im *Hinayana* wird — geht es doch um die Unterdrückung jeglichen Gefühls — aus *Freundschaft* indifferentes Wohlwollen und aus *Mitleid* ein Mitempfinden ohne eigentliche Gefühlskomponente. Schließlich bekommt das „Kleine Fahrzeug" einen geradezu egozentrischen Aspekt, der wohl nicht im Sinne der Lehre *Buddhas* sein kann. Hinayanistische Legenden belegen diesen Trend, indem sie ihren Helden Handlungen zuschreiben, die nur sehr schwer verständlich sind.

So verschenkt zum Beispiel ein Prinz auf Grund eines Gelübdes nicht nur seinen ganzen Besitz, sondern auch den seines Vaters. Dann — als er darum gebeten wird — verschenkt er auch seine Frau und seine Kinder in die Sklaverei. Es fällt schwer, eine solche Handlungsweise als Akt ethisch-moralischer Nächstenliebe zu begreifen. Der Prinz sieht ausschließlich seine Zielsetzung, er will durch die Einhaltung seines Gelübdes Verdienste für die kommenden Leben erwerben.

Die Lehre, beziehungsweise die Interpretation der Lehre des *Hinayana* entfernt sich immer mehr vom Leben, vom Menschen, sie wird apersonalistisch.

Die These der Wiedergeburt wird im *Hinayana* neu durchdacht und gegen hinduistische Vorstellungen abgegrenzt. Nicht das Ich, nicht das Selbst wird wiedergeboren, sondern die karmatische Verflechtung. Man kann darunter das Spannungsfeld zwischen Ursache und Wirkung verstehen: Alle Handlungen zeitigen wieder Handlungen, sie sind also wieder Ursache, die nach einer neuen Wirkung verlangt. Wird nun diese Kette durch den Tod eines Individuums unterbrochen, so bleibt ein Spannungsfeld erhalten, das durch die Wiedergeburt weitergeführt wird.

Man könnte es auch so formulieren, daß die Relativität der Subjekt-Objekt-Beziehungen, die uns unsere Sinne vermitteln, dieses KARMA — wir nannten es hier „Spannungsfeld" — weiterbestehen läßt. Die Berührung unserer Sinne mit der Umwelt — inklusive des ICH — führt zu einer Bindung. Diese „Kraft" bleibt nach dem Tod des Individuums bestehen, sie wird wiedergeboren, sie „sucht sich einen neuen Körper".

Der buddhistischen Vorstellungswelt ist ein hohes Maß an Friedfertigkeit und Adogmatik eigen. Auch liegt es ihr nicht, starre Gedanken missionarisch durchzufechten. Daher hat es im Buddhismus keine eigentlichen Religionskriege, keine Ketzerprozesse und keine Hexenverbrennungen gegeben.

Betrachtet man die Entwicklung des *Hinayana* dieser Zeit vom historischen Standpunkt aus, so sieht man sie eng verquickt mit der Blüte der *Maurya*-Dynastie Indiens. Hier war es besonders Kaiser *Ashoka,* der von 272 bis 236 vor unserer Zeitrechnung regierte und die Lehre *Buddhas* in seinem riesigen Reich, das von Kandahar im heutigen Afghanistan bis zur Gangesmündung reichte, auf das eifrigste förderte. *Ashoka* war zunächst ein prunk- und machtgieriger Potentat, der sein Reich blutig erweiterte. Sein letzter Feldzug endete mit der Vernichtung des Kalinga-Volkes im heutigen indischen Unionsstaat Orissa.

Dann aber wandelte sich die Persönlichkeit des Kaisers grundlegend. Aus dem kriegslüsternen Herrscher wurde ein bedingungsloser Anhänger der friedfertigen Lehre des *Buddha*. Auf ihn gehen viele *Viharas* zurück, die er überall in seinem Reich errichten ließ. Von *Ashoka* wird erzählt, daß er die Asche *Buddhas* in kostbaren Behältern über sein Land verteilen ließ, um allen seinen Untertanen den Segen des Erleuchteten nahezubringen.

Für diese Reliquien wurden zylindrische, auf Stufen stehende Schreine — *Stupas* — errichtet, die sich in ihrer Form an indischen Fürsten- und Königsgräbern orientierten. Diese *Stupas* sind zum Urbild buddhistischer Symbolbauten geworden und haben dennoch die Eigenarten des Landes, in dem sie errichtet wurden, angenommen.

Nebenbei sei erwähnt, daß das Emblem der heutigen indischen Staatsfahne, die „Löwensäule", aus der Zeit *Ashokas* stammt. Das Original dieser Säule steht im Museum von Sarnath.

Doch zurück zum *Hinayana,* dem „Kleinen Fahrzeug" im Buddhismus mit seinem angeblichen Nahverhältnis zum Urbuddhismus. Die Pali- beziehungsweise Sanskrittexte der *Sutren* der buddhistischen Urzeit sind vielfach verlorengegangen. Aber sie sind über ihre Übersetzungen ins Mongolische, Chinesische und Tibetische der Nachwelt erhalten geblieben. Daß hier einige nicht unbeträchtliche Fehlerquellen im Sinne gewollter und ungewollter Veränderungen nicht auszuschließen sind, liegt wohl auf der Hand.

Heute sind vor allem Thailand, Birma und Sri Lanka dem *Therevada*-Buddhismus — und damit dem *Hinayana* — verpflichtet. Was sich heute in den anderen Ländern des „Kleinen Fahrzeugs", in Vietnam, Kambodscha und Laos, auf religiösem Gebiet abspielt, läßt sich schwer sagen. Glaubt man den wenigen seriösen Berichten, dann haben die Menschen in diesen ausgebluteten und geschundenen Ländern in letzter Zeit zunehmend wieder buddhistische Lebensregeln aufgenommen. Die Menschen haben — wie so oft in ihrer Geschichte — gelernt, sich anzupassen, es war und ist für sie eine Überlebensfrage.

Am Rande sei erwähnt, daß das „Kleine Fahrzeug" auch in Tibet praktiziert wird. Dort wohl nur von gelehrten Mönchen, die Mehrzahl der Menschen gehört dort der Schule des „Diamantenen Fahrzeugs", oft auch „Lamaismus" genannt, an. Allerdings sehen die Buddhisten im gleichzeitigen Praktizieren verschiedener Schulen überhaupt keinen Widerspruch. Jedenfalls hat der 14. *Dalai-Lama,* in einem Gespräch mit dem Autor ausdrücklich betont, daß in Tibet beide Formen lebendig seien.

Der *Hinayana* entwickelte sich also frühzeitig zu einer mönchischen Wissenschaft, die von der großen Masse der Gläubigen einfach nicht mehr verstanden wurde. Auch kapselten sich die Mönche in ihren Klöstern von der Außenwelt weitgehend ab und suchten den Kontakt mit der Laienschaft erst gar nicht mehr. Die *Bhiksus* — die Mönche — waren von ihrer geistigen und spirituellen Überlegenheit derartig überzeugt, daß der Laie als zweitrangig betrachtet, ja sogar verachtet wurde. Sie machten eigentlich genau den Fehler, den die Brahmanen zu Lebzeiten *Buddhas* begingen.

So kann es nicht verwundern, daß sich schon sehr bald ein Volksglaube heranbildete, der seine geistige Basis im ursprünglichen, mystischen Erleben hatte. Diese Haltung entsprach vermutlich am ehesten der Tradition, die Rationalität und Mystik der Lehre des Erleuchteten verband. So kann man heute davon ausgehen, daß das Gedankengut, das dem *Mahayana,* dem „Großen Fahrzeug" zuzurechnen ist, schon von Anfang an bestand und die gelehrten Spekulationen der Mönche nicht mitmachte.

Die ersten Schriften, die eindeutig dem *Mahayana* zuzuordnen sind, nehmen für sich in Anspruch, ebenfalls *Sutren* zu sein, das heißt, von *Buddha Shakyamuni* zu stammen. Viele der Texte sind, der Überlieferung nach, zunächst „verborgen" gewesen, da sie die Menschen noch nicht erfassen konnten.

Der Streit um die Priorität der buddhistischen Schulen — er wird hauptsächlich von abendländischen sogenannten „Buddhologen" ausgetragen — ist an sich reichlich unbuddhistisch, ist doch eine objektive Wahrheit in sich schon eine müßige Illusion.

Was ist nun das Wesentliche im *Mahayana*, im „Großen Fahrzeug"? Das entscheidende Merkmal ist der Gedanke des *Bhakti*. Man könnte dieses Wort einigermaßen sinngemäß mit „Hingabe" übersetzen. Nicht mehr die kühle *Maitri*, die Freundschaft ohne eigentliche Zuwendung an das Du, die im *Hinayana* so erstrebenswert erscheint, sondern die echte Hingabe an den Mitmenschen, an die Mitkreatur, an die Mitwelt, ist jetzt der führende Gedanke.

Außerdem sagt das „Große Fahrzeug", daß *jeder* Mensch die Erleuchtung gewinnen könne und setzt sich damit in einen gewissen Gegensatz zum hinayanistischen Denken. Der Weg hin zur Erleuchtung ist steil und steinig, es werden viele Leben gelebt werden müssen bis dorthin, aber letztlich werden *Karma* und *Dharma* eine Einheit, und die Buddhaschaft ist erreicht. Die buddhistische Philosophie hat auf diese Weise eine lichtvolle, eine tröstliche Richtung aufgezeigt, sie hat sich sozusagen demokratisiert.

Eng mit dem Prinzip des *Bhakti* hängt der *Bodhisattva*-Gedanke des *Mahayana* zusammen. In diesem Zusammenhang ist der *Bodhisattva* als ein Mensch zu verstehen, der die Erleuchtung, die Buddhaschaft, erlangt hat, aber freiwillig im „Rad der Leben" verbleibt, um anderen auf ihrem Heilsweg zu helfen. Er verzichtet also auf die Frucht seiner bisherigen Leben, deren Ziel doch die Einswerdung mit dem kosmischen Gesetz, das *Nirwana* war. Er, der die karmischen Verquickungen und damit das Leid hinter sich gelassen hat, widmet sich anderen Wesen, die auf ihrem Weg noch nicht so weit sind. (So gesehen ist auch *Siddharta Gautama Buddha*, der historische Erleuchtete unseres Weltzeitalters, ein *Bodhisattva*. Er blieb nach Erlangung der Buddhaschaft unter den Lebenden, um ihnen den *Dharma*, das absolute, kosmische Gesetz zu lehren.) Aber — das kann nicht oft genug betont werden — auch ein *Bodhisattva* ist ein *Mensch*, kein Gott!

Von den vielen *Bodhisattvas*, die in den verschiedenen Schulen des Buddhismus postuliert werden, wollen wir zwei besonders markante Erscheinungen beispielhaft herausheben, da sie für das Verständnis der noch zu besprechenden tibetischen Ausprägung des Buddhismus von besonderer Wichtigkeit sind:

So mancher Reisende wird sich über eine Darstellung gewundert haben, die ihm, besonders im Raum des *Mahayana* und des *Vajrayana*, häufig begegnet ist. Da ist ein Mensch mit vielen Köpfen und sehr vielen Armen und Händen dargestellt.

Wer soll das sein, was hat diese reichlich exotisch anmutende Gestalt zu sagen, welchen Sinngehalt sieht der Gläubige in ihr? Es ist *Avalokiteshvara*, oder — wie ihn die Tibeter nennen — *Chenresi*. Er ist der *Bodhisattva* des bedingungslosen Mitleids mit jeglicher Kreatur, eine Personifizierung von

Bhakti sozusagen. Der *Dhyani*- Buddha *Amitabha*, der „Herr des unermeßlichen Lichts", hat ihm elf Köpfe und tausend Hände gegeben, um den Menschen und allen Wesen helfen zu können. Sein Mitleid, sein Mitleiden, ist bedingungslos und unermeßlich. Ist es denn verwunderlich, daß gerade *Chenresi* der Schutzpatron Tibets ist, dessen Menschen unter unvorstellbar harten Bedingungen ihre Leben leben? Mehr noch: Die *Dalai Lamas* gelten den Tibetern als Inkarnation eben dieses ihres Schutzpatrons *Chenresi*.

Eine andere Gestalt wird von Fremden leicht mißdeutet: Da sitzt ein Mann, hält in der einen Hand ein Buch, in der anderen aber ein Schwert. Die Waffe ist aber nicht etwa Mittel zur gewaltsamen Ausbreitung der Lehre, wie man zunächst vermuten könnte. Sie dient zur „Zerteilung des Nebels der Unwissenheit". Wenn wir uns erinnern, daß eben diese Unwissenheit nach buddhistischer Auffassung die Ursache jeglicher karmatischen Verflechtung — und damit des Verbleibs im „Rad der Leben" — ist, dann verstehen wir, was hier ausgesagt wird. Dieser *Bodhisattva* heißt *Manjushri*. Er wird auch in einer „schreckerregenden Gestalt" gedacht und ist dann *Yamataka*, der „Besieger des Todes".

Noch ein Wort zu den sogenannten „Schreckerregenden": Alles Seiende trägt *Karma* in sich, unterliegt daher zwangsläufig der Polarität. Daraus folgt, daß Wesenheiten ebenfalls zwei gegensätzliche Aspekte aufweisen. Der „schreckerregende" Aspekt wird vielfach als „Beschützer der Lehre" gesehen. Die auf die „Schreckerregenden" bezogenen Rituale werden in eigenen Räumen, den *Gonkhangs,* abgehalten, die meist nur den Mönchen vorbehalten sind, die schon bestimmte spirituelle Grade erreicht haben. Diese Räume sind Fremden selten zugänglich.

Diese hier notwendigerweise nur oberflächliche Beschreibung zweier *Bodhisattvas* mag einen kleinen Einblick in diese Vorstellungswelt geben, die uns zunächst fremd erscheinen muß. (Vielleicht ebenso fremd, wie einem Buddhisten die Beschreibung der christlichen Engel und Heiligen!)

Wir wollen also einmal festhalten, daß der *Mahayana,* das „Große Fahrzeug", im Buddhismus durch den Gedanken des *Bhakti,* der absoluten Hingabe an die Mitkreatur, gekennzeichnet ist. Daraus folgt die *Bodhisattva*-Idee, die Vorstellung vom „Heilshelfer". Jede Kreatur trägt es in sich, die Erleuchtung zu erlangen, einzugehen in das *Mahaparinirwana.* Gegenüber dem *Hinayana* hat der Buddhismus im *Mahayana* also — wie bereits ausgeführt — einen „Demokratisierungsprozeß" mitgemacht, er ist offener und damit menschlicher geworden.

Das „Diamantene Fahrzeug"

Nach der Lehre des *Mahayana* und des *Vajrayana* („Diamantenes Fahrzeug") sind den Buddhas drei „Körper" eigen:

• Der *Dharmakaya*, der „Gesetzeskörper" ist absolut, unpersönlich und allen Buddhas gemeinsam — als geistige Einheit gesehen —zuzuschreiben. Er ist undifferenziert, eigenschaftslos, ohne Merkmale und jenseits jeglicher Manifestation im irdischen Bereich. Er ist also *Sunyata*, „Leere" im Sinne der buddhistischen Philosophie.

• Der *Sambhogakaya* ist jener Leib der Erleuchteten, der „strahlt", der Majestät und Würde hat. Er ist jedem Buddha eigen und hat nichts Materielles an sich, er ist ein Geistwesen, eine Meditationsvorstellung.

• Der dritte Körper der Buddhas aber ist *Nirmanakaya*, der Manifestationsleib, der Leib zum Herzeigen. Der Buddha bedient sich seiner, wenn er im irdischen Bereich erscheint und die Menschen lehrt.

Folgen wir folgendem Gedankengang: Ein Buddha, ein Erleuchtungswesen, weilt im *Nirwana*, er ruht folglich in sich selbst, ist eigenschaftslos, denn Eigenschaften sind im Bereich des Absoluten nicht denkbar. Das Erleuchtungswesen im *Dharmakaya*-Bereich ist also und ist gleichzeitig nicht. So kann es auch nicht Gegenstand von Verehrung — eines Kultes — sein.

Aus diesem Denkansatz entsprang die Vorstellung vom *Sambhogakaya*, des „glanzvollen", des „strahlenden" Körpers, der Gegenstand von Verehrung und damit eines Kultes sein kann. Aber der *Sambhogakaya* eines Buddhas ist ein reines Geistwesen, er hat nichts mit den Erleuchteten zu tun, die tatsächlich einmal auf Erden weilten, um den

Menschen das *Dharma* zu lehren. Somit mußte ein dritter Körper, der *Nirmanakaya*, existieren, jener Körper also, der das Schicksal und die Bedürfnisse der Menschen teilte. Als *Buddha Shakyamuni* nach seiner Erleuchtung bei den Menschen blieb, bediente er sich demnach des Leibes der Eigenschaftlichkeit, des *Nirmanakaya*.

Verlassen wir jetzt wieder die Gefilde der Philosophie, die Lehrgebäude der gebildeten *Lamas*, und betrachten wir den weiteren Weg des Buddhismus. Die auf indische Tradition, Geschichte und Lebensweise aufgebaute Lehre des *Buddha* breitete sich über die Grenzen Indiens hinweg aus. Sie traf zwangsläufig auf andere Kulturen, Menschen anderer Denk- und Lebensart. Sie stieß auf den Hochebenen des Himalaya — aber auch in den Weiten der Mongolei — auf nomadisch lebende Menschen mit verschiedengestaltigen, animistisch-schamanistisch geprägten Lebensformen. Das heißt: Dort glaubte man an Geistwesen und versuchte mit ihnen in Verbindung zu treten. Andererseits aber traf die „Lehre des Erleuchteten" im hochkultivierten China auf Philosophien, die zum wesentlichen Teil auf Ahnenverehrung beruhten.

Nun ist es aber dem Buddhismus von Anfang an eigen, Religionen oder Philosophien, die er vorfindet, nicht etwa auszurotten, sondern in das eigene System einzubauen. Diese Assimilationsfähigkeit ist nie seine Schwäche, sondern stets seine Stärke gewesen. So entstand im Himalaya eine Form des *Vajrayana*-Buddhismus, der im Abendland gerne „Lamaismus" genannt wird. In China bildete sich aus dem *Mahayana* der *Ch'an* heraus, aus dem in Japan die *Zen*-Schulen wurden. Wie sehr sich die Lehre an den jeweiligen kulturellen Mutterboden eines Volkes anzupassen vermag, soll am Beispiel — es ist nur eines von vielen — des Bodhisattva *Avalokiteshvara*, den wir schon als Bodhisattva des bedingungslosen Mitleids kennenlernten, gezeigt werden: Verfolgt man den Weg dieser Symbolgestalt mit ihren elf Köpfen und tausend Händen, dann stößt man auf eine Geschlechtsumwandlung. In China ist er *Guanyin*, eine weibliche Gottheit. Dabei fällt auf, daß dieser Bodhisattva immer geschlechtsloser dargestellt wird, bis er schließlich in China und Japan weibliche Züge annimmt.

Diese Aufnahmebereitschaft des Buddhismus für andere Kulturen ist keineswegs reiner Pragmatismus und darf nicht als Aufgabe prinzipieller Inhalte aufgefaßt werden. Die *Vier edlen Wahrheiten*, der *Achtfache Pfad*, das Denken vom *Karma* und vom *Dharma* bleiben ebenso Basis, wie die These des *Entstehens in Abhängigkeit*. Wir dürfen im Buddhismus eben keine Vergleiche mit der christlichen oder islamischen Religionsgeschichte ziehen, wo sich Konfessionen auf das blutigste bekämpften und immer noch bekämpfen. Wie anders dies im buddhistischen Bereich ist, kann am Beispiel des Klosters *Gyantse* in Tibet gezeigt werden. Dort haben bis zur chinesischen Kulturrevolution achtzehn verschiedene Schulen der „Lehre des Erleuchteten" zusammengearbeitet und so praktische Ökumene bewiesen.

Der *Vajrayana* ist also eine geistige Weiterentwicklung des *Mahayana*, gefärbt von kulturellen und traditionsbedingten Eigenheiten der Menschen im Himalaya und der Mongolei. Die Einarbeitung dieser in bezug auf das Entstehungsland Indien kulturfremden Elemente in die Lehre *Buddhas* ließ diese Variante entstehen und blühen. Das „Diamantene Fahrzeug" hat viele tantrische Elemente übernommen. Stehen diese besonders im Vordergrund, so spricht man auch vom *Tantrayana*.

Von Mönchen in den Viharas der Frühzeit wird eine spekulative Lehre aufgebracht, die auf dem Elitebewußtsein der Bhiksus beruht und vom Volk umso weniger mitgetragen wird, als sich die Mönche abkapseln und in einen geistigen „Elfenbeinturm" zurückziehen. Diese Lehre, der Hinayana, das „Kleine Fahrzeug", wird apersonalistisch und egozentrisch. Schon früh entsteht aus einem Volksglauben heraus der Mahayana, das „Große Fahrzeug". Die Werte des Bhakti, der Hingabe, und des Bodhisattva, des „Heilshelfers", charakterisieren diese Richtung. Aus dem Mahayana wird durch Übernahme kultureller Eigenheiten der Himalaya- und Mongolenvölker der Vajrayana, das „Diamantene Fahrzeug".

Der Weg des Buddhismus in den Himalayaländern

Die Menschen dort oben auf dem „Dach der Welt" haben dem Gedankengut des Buddha eine bis heute gültige, besondere Note gegeben.

Dort, auf den riesigen Hochebenen zwischen Himalaya und Transhimalaya, zwischen Karakorum, Kuenlun-Gebirge und Tienshan, leben Menschen unter für uns unvorstellbaren Bedingungen. Ihre Wohnorte — soweit sie seßhaft sind und nicht in schwarzen Yakhaarzelten leben — und ihre Herden finden wir gar nicht selten in Höhen von über 4500 Metern. Der herrliche, klare Himmel läßt die Landschaft, läßt die Berge in für uns ungewohnten Farben aufleuchten, weiß, violett, rot und grün schimmern die Bergflanken, gelb bis dunkelbraun sind die Weiten der Hochebenen. Steile, eisbedeckte Gipfel und Wüsten wechseln einander ab, weite Flächen sind von Salzseen bedeckt. Karg ist der Boden, die Yaks, die „Grunzochsen", wichtige Lebensgrundlage der Menschen, bedürfen riesiger Weideflächen, denn spärlich ist der Pflanzenwuchs.

Da und dort gibt es kleine Oasen, einige hundert Quadratmeter bebaubaren Landes. Dort haben die Menschen die Steine von der Erdkrume getragen, kleine Mauern um die Felder gebaut, um den Wind, der die Erde rasch verträgt, einigermaßen abzuhalten. Gerste bauen sie dort, Grundlage für das Hauptnahrungsmittel der Hochlandbewohner, den

Tschampa: Sie rösten Gerstenkörner, zerstoßen sie und vermischen das so entstandene Mehl mit etwas fettem Yakbutter-Tee, daß sich kleine Klumpen formen lassen, die sie zum Mund führen können. Ist die Ernte halbwegs gut gewesen, so mag auch ein Teil der Gerste vergoren werden. Es entsteht ein obergäriges Bier, trüb und wenig ansehnlich für uns, die wir vielleicht die Gastfreundschaft dieser fröhlichen Menschen genießen dürfen. Dieses Bier, *Tschang* genannt, wird dann die Runde machen.

Tschampa ist das Hauptnahrungsmittel. Der Buttertee wird in langen zylinderförmigen Holzgefäßen zubereitet: Tee wird zuerst gekocht — nicht aufgegossen — in dieses Gefäß geschüttet und mit dem so kostbaren Salz und etwas Soda vermengt. Dann kommt ein Stück Yakbutter dazu, die durch Stampfen in dem Gebräu emulgiert wird. Die Yakbutter wird das ganze Jahr über auf den Hochweiden bereitet und gesammelt. Sie wird dann in einem Yakpansen aufbewahrt und so zu Tal gebracht. Schneidet man so ein Stück Yakbutter an, so fallen Schimmelmuster, ähnlich dem Gorgonzola und ein intensiv ranziger Geruch auf. Der tibetische Yakbutter-Tee ist für uns reichlich „gewöhnungsbedürftig". Die Bewohner des Hochlandes aber trinken davon große Mengen, ist er doch einer der wichtigsten Kalorienlieferanten.

Die Häuser in den kleinen Gehöften ducken sich nicht ohne Grund tief in den Boden, die Winterstürme sollen sie möglichst wenig treffen. Unten sind die Stallungen, damit ein wenig Wärme den oben gelegenen Wohn- und Schlafraum erreicht.

Dort ist eine Feuerstelle, der Rauch zieht durch das Dach ab. Freilich ist Brennmaterial eine kostbare Rarität, denn Bäume, die man fällen könnte, gibt es hier nicht. Das ganze Jahr über werden Disteln gesammelt und auf dem Dach aufgeschichtet. Sie sind Brennmaterial, dienen aber auch der Isolierung des Daches nach oben hin. Viel wichtiger als die Disteln sind aber die Dungfladen des Yaks. Sie werden sorgfältig gesammelt, mit Gerstenstroh untermischt und — kreisrund geformt — an die Hauswände geklebt. In der extrem trockenen Luft trocknen sie rasch und fallen von der Wand. Auch sie werden aufgeschichtet und sind kostbares Brennmaterial.

Die Natur in diesen Höhen ist von einer für uns fast unvorstellbaren Härte. Kalte, schneearme Winter brausen mit Eis- und Sandstürmen über das Land. Temperaturschwankungen zwischen Tag und Nacht von vierzig Grad sind auch im Sommer keine Seltenheit. Die Hochebenen nördlich des Himalayahauptkammes sind extrem regenarm. Die von Süden kommenden Monsunwolken überwinden nur höchst selten die Berggiganten. Die seltenen, aber umso heftigeren Unwetter lassen die Karawanenpfade verschwinden, in der Zeit der Schneeschmelze werden kleine Rinnsale zu unüberwindlichen, reißenden Strömen, die ihren Lauf immer wieder ändern.

Es wird verständlich, daß sich unter den hier skizzierten Umständen Vorstellungen herausgebildet haben, die sich die Natur beseelt dachten, die Erd-, Luft- und Wasserdämonen zu erkennen glaubten und daher auch davon ausgehen mußten, daß man alle diese Mächte durch Opfer und Anbetung beschwichtigen und sich gefügig machen könne. Die dazu erforderlichen Kenntnisse und Fähigkeiten hatte der Schamane. Nur er war in der Lage, mit den Geistern — den wohlwollenden ebenso wie den schädlichen — in Verbindung zu treten, die Opferhandlungen richtig auszuführen und die Dämonen durch Zaubersprüche zu bannen.

Diese Gedankenwelt ist keineswegs spezifisch tibetisch, sie hat sich ursprünglich in allen Kulturkreisen herausgebildet. Die Gemeinsamkeiten geografisch weit auseinander lebender Völker — denken wir an die amerikanische Urbevölkerung und die Mongolen — sind einerseits überraschend, andererseits aber einfach zu erklären: Der Mensch mit seinen wachsenden Fähigkeiten zur Reflexion und Selbstreflexion ist überall der gleiche, er sieht seine Umwelt und sich selbst und versucht beides zu erklären.

Im Himalaya waren in vorbuddhistischen Zeiten verschiedene derartige animistisch-schamanistisch geprägte Lebensformen vorhanden, die man unter dem Namen *Bön* — oder *Bon* — zusammenfaßt. Dieser *Bön* wurde — allerdings erst nach dem Vordringen des Buddhismus in Tibet — von einem Mann namens *Schenrab* vereinfacht zusammengefaßt und niedergeschrieben.

Heute noch gibt es im tibetischen Raum vereinzelt *Bön*-Klöster. Die heutige Lehre der *Bön*-Mönche unterscheidet sich allerdings nicht allzu sehr von buddhistischen Lehren. Eine Äußerlichkeit im

Ritual fällt aber auf: Während ein Buddhist ein Heiligtum, einen *Stupa* oder eine *Mani*-Mauer stets im Uhrzeigersinn umschreiten wird, wählt ein *Bön*-Anhänger immer die Gegenrichtung.

Die buddhistischen Weisen, die nach Norden zogen, stießen also auf die animistisch-schamanistische Welt des noch nicht reformierten *Bön*. Was sich hier begeben haben mag, wollen wir wieder anhand zweier Legenden zu ergründen suchen, die aber mit Sicherheit historischen Hintergrund haben:

Der indische Wandermönch *Nyamagun* fand inmitten einer unfruchtbaren Wüste einen tiefen See. Im Wasser aber lebten keine munteren Fische, nur *Lu*-Schlangen, dem Menschen feindlich gesinnte Dämonen. *Nyamagun* ließ sich am Ufer dieses unheimlichen Gewässers nieder und meditierte dort mehrere Jahre lang. Dann streute er eines Tages Gerstenkörner auf die Wasserfläche und siehe, es bildete sich ein rechtsläufiges *Swastika*, ein Hakenkreuz, das ein uraltes indisches Lichtsymbol und Zeichen des Buddhismus ist. Nun sprach *Nyamagun* als Meditationsformel das *Mantra* des *Avalokiteshvara*, das *Om Mani Padme Hum*, und die Wasser liefen ab.

Noch heute werden dem Reisenden einige versteinerte Wellen des Sees gezeigt, nahe *Lamayuru Gömpa*, dem *Yundrun-*, dem „Hakenkreuzkloster", im heutigen *Ladakh*. *Nyamagun* aber gilt als Gründer dieser Klosteranlage, die heute ein fruchtbares Tal beherrscht. In den alten Klosterräumen kann man sie noch sehen, die Dämonen, die als „schreckerregende Wesenheiten" zu Beschützern der Lehre des Erleuchteten wurden.

Eine andere Legende erzählt: In der Nähe von *Shakya* in Südtibet hauste einst ein Dämon namens *Pehar,* der den Menschen dort großen Schaden brachte. Einmal aber gelang es, *Pehar* in einer „Geisterfalle" zu fangen und — samt der „Geisterfalle" — in den Fluß zu werfen. Dieses unheilvolle Paket wurde nun in der Nähe des heutigen Klosters *Netschung,* nicht weit von *Lhasa,* angeschwemmt. Ein neugieriger junger Mönch beging einen verhängnisvollen Fehler, er öffnete die „Geisterfalle". Mit lautem Getöse fuhr *Pehar* in einen nahestehenden Baum. Die geängstigten Menschen riefen in ihrer Not einen großen buddhistischen *Lama, Padmasambhava,* zu Hilfe. Seiner spirituellen Kraft gelang es, *Pehar* „umzudrehen", aus ihm einen Beschützer der Lehre *Buddhas* zu machen. Er spricht seither — gerufen in einer feierlichen Zeremonie — aus dem Orakelmönch von *Netschung* und kündet die Zukunft. Dieses Orakel wurde noch in den fünfziger Jahren vor allen wichtigen Staatsangelegenheiten Tibets befragt und noch heute zeigt man in *Netschung Gömpa* die Überreste jenes Baumes, in den der Dämon einst fuhr.

Es gibt eine Erzählung, daß das Orakel von *Netschung* geweissagt habe, der heutige, der 14. *Dalai-Lama* sei der letzte aus der Inkarnationsreihe des *Avalokiteshvara.* In einem Gespräch mit dem Autor widersprach der *Dalai-Lama* dieser Version. Er selbst habe die Möglichkeit der Beendigung der Inkarnationsreihe anläßlich von Verhandlungen mit

den Chinesen angedeutet. Er wollte so klarstellen,
daß nicht die Institution der *Dalai-Lamas,* sondern
ausschließlich das Schicksal des tibetischen Volkes
zur Debatte stehe.

Beide Legenden — herausgegriffen aus vielen —
erzählen uns, daß vorbuddhistische *Bön*-Vorstel-
lungen, *Bön*-Dämonen, nicht ausgerottet, sondern
in den Dienst des Buddhismus gestellt wurden.

Wir halten also fest: So wie in anderen Ländern
drang der Buddhismus auch in Tibet vor, ohne
autochtone Religionen auszutilgen.

Bald bildeten sich im tibetischen Raum Kloster-
gemeinschaften. Ihr Orden nannte und nennt sich
Nyingmapas, die „Schule der Alten", die „Rotmüt-
zen". Es ist nach dem bisher Gesagten nicht weiter
verwunderlich, daß in dieser auf *Padmasambhava*
zurückgehenden Schule magische Praktiken enthalten waren, die insoferne eine gewisse Gefahr
darstellten, als sie das eigentliche Geistesgut des
Buddhismus zu unterwandern drohten. Das ist
auch der Grund dafür, daß immer wieder weise
Mönche Reformen anstrebten, die letztlich zu den
heute noch bestehenden vier Ordensschulen führten: Neben den *Nyingmapas* gehören die *Kagyügpa*
und die *Shakya* den sogenannten „Rotmützen-
orden" an.

An der Wende des 14. zum 15. Jahrhundert lebte
der große Reformator des tibetischen Mönchswesens *Tsongkhapa,* der „Mönch aus dem Zwiebeltal".
Auf ihn geht der *Gelugpa*-Orden zurück, der eigentlich erst die tibetische Theokratie schuf. Dieser
„Gelbmützenorden" wurde staatstragend, sowohl

der *Dalai-Lama* als auch der *Panchen-Lama* gehören ihm an. Die Gründe für die *Tsongkhapa*-Reformen waren klar: die „Rotmützenorden" waren stark verweltlicht, magische Praktiken überwucherten die Lehre.

Tsongkhapa reformierte das Mönchwesen sehr gründlich. Während die Mönche der anderen Orden verheiratet waren und mit ihren Familien in den Klöstern lebten, gilt für die *Gelugpas* ein strenger Zölibat. Die Mönche sind strenger Zucht und Ordnung unterworfen, magische Praktiken werden weitgehend abgelehnt. Schon bald nach der Reform entstanden die drei „Staatsklöster" *Sera, Drepung* und *Ganden.*

Der in den Himalayaländern praktizierte *Vajrayana* — das „Diamantene Fahrzeug" — wird manchmal auch als *Tantrayana* bezeichnet. Es soll damit zum Ausdruck gebracht werden, daß tantrische Elemente enthalten, manchmal sogar führend sind. Was ist eigentlich *Tantra*, was versteht man unter diesem Begriff, der vielfach mißverstanden und gar nicht so selten als „Sensation" mit stark erotischem Einschlag verteufelt wurde?

Tantrismus ist keine „Selbstverwirklichung durch gesteigertes Erlebnis des Sexualaktes", auch kein „sexueller Weg zur Befreiung des Menschen". Aber es kann kein Zufall sein, daß wir jetzt das Wort Sexus immerhin schon zweimal im Zusammenhang mit dem *Tantra* verwendet haben. Versuchen wir, das Wort nach seinem Sinngehalt hin zu analysieren: Die Wurzelsilbe *Tan* bedeutet „ausbreiten", „vermehren", das Hauptwort *Tana* „Faden", aber auch „Ausdehnung". Für das Wort *Tantra* finden wir im wesentlichen zwei Übersetzungen: „vorgeschrieben", „normiert" und „Saitenspiel" (nach: L. Uhlig, Tantrische Kunst des Buddhismus).

Folgen wir der gebräuchlichsten Definition des *Tantra*, so sollten wir diese Denkrichtung als einen Weg bezeichnen, der die Erlebnisfähigkeit des Menschen als ein Mittel zur Erreichung der Erlösung sieht. Es gibt verschiedene *Tantra*-Klassen, und man unterscheidet auch „Vater"- und „Mutter"-*Tantra*, je nach Akzentuierung des männlichen oder des weiblichen Prinzips. Es soll nicht in Abrede gestellt werden, daß tantrische Praktiken auch mißbraucht werden oder Vorwand für sexuelle Ausschweifungen darstellten, beziehungsweise noch darstellen.

Tantrische Symbolik spielt bei den Ritualen im tibetischen Buddhismus eine unübersehbare Rolle. Auch hier müssen wir uns wieder auf einige Beispiele zur Illustration des Gesagten beschränken: Ein Ritualgegenstand hat dem *Vajrayana* den Namen gegeben: der *Vajra*.

Es ist ein zepterähnliches Gebilde, meist aus Bronze, manchmal auch aus Silber oder Gold, das in sich die Symbolik der fünf Himmelsrichtungen trägt: Die vier uns geläufigen Achsen und jene fünfte, die das Transzendente angibt. Diese fünf Richtungen treffen sich im Punkte der Absolutheit und verschmelzen dort. Der *Vajra* — oft sehr unzutreffend mit „Donnerkeil" übersetzt — stellt das männliche Prinzip in der Welt der Erscheinungen dar und wird vom *Lama,* der die Zeremonie leitet, geführt.

Ein weiterer Ritualgegenstand, der seine Wurzeln in tantrischen Gedankengängen hat, ist die *Ghanta,* eine Glocke, deren Stiel wiederum den oberen Teil des *Vajra* zeigt. Die *Ghanta* steht in der Symbolik für das weibliche Prinzip der Erscheinungen. Ihr Läuten ist im Rahmen einer tantrischen Opferhandlung immer dann zu hören, wenn die „schreckerregenden" Aspekte einer Wesenheit angerufen werden.

Tantrische Elemente sind besonders in den *Yab-Yum*-Darstellungen deutlich. *Yab-Yum* bedeutet „Vater-Mutter". Es werden männliche und weibliche Wesenheiten in geschlechtlicher Vereinigung gezeigt. Diese Verschmelzung verschiedener dualistischer, gegensätzlicher Prinzipien symbolisiert die Aufhebung der Polarität, die Erlangung der *Dharma*-Erkenntnis.

Wir verwenden hier ganz bewußt den Ausdruck Wesenheit und vermeiden das Wort Gott oder Gottheit, das absolut mißverständlich wäre. Vergessen wir auch nicht: Alle diese Wesenheiten sind letztlich *Maya,* Illusion, sie existieren nicht wirklich, sie sind Geistwesen, Meditationshilfen, sie entstehen in uns selbst. Es soll aber nicht verschwiegen werden, daß diese Wesenheiten im Volksglauben einen Stellenwert einnehmen, der mit dem unserer Heiligen vergleichbar ist. Auch sie werden „angebetet". Der spirituell Fortgeschrittene bedarf aller dieser Wesenheiten nicht mehr.

Das Leben der Mönche in den Klöstern Tibets und ihre Rituale hatten sich nach der Besetzung ihres Landes durch die Chinesen verändert, vor den Schrecken der Kulturrevolution bot sich folgendes Bild:

Naturbedingt sind bebaubare Flächen und Weideland im tibetischen Hochland rar. Es mußte daher Ziel einer Gesellschaftsordnung sein, eine Zerteilung der Nutzflächen nach Möglichkeit zu vermeiden. Zwei Bräuche waren es, die von ganz entscheidender Bedeutung in dieser Hinsicht waren, sie führten auch dazu, daß es im Himalayaraum zu keiner Bevölkerungsexplosion gekommen ist:

Die Gesellschaftsordnung der Tibeter kannte die Polyandrie, eine Frau heiratete mehrere Männer, meistens Brüder. Kinder aus solchen Ehen galten stets als Abkömmlinge des jeweils ältesten der Ehemänner und wurden erbrechtlich auch so behandelt. Neben dieser Familienform gab es auch die Polygamie, allerdings dürfte sie wesentlich seltener als die Polyandrie praktiziert worden sein. Jetzt haben die Chinesen beide Formen verboten. Ob diese Verbote auch wirksam sind, ist schwer zu sagen.

Ein weiterer wichtiger Faktor der tibetischen Gesellschaftsordnung war die Tatsache, daß ein sehr erheblicher Teil — man spricht von ungefähr einem Viertel — der Männer Mönche wurden. Der weitaus größte Teil davon wieder trat dem *Gelugpa*-Orden bei, der streng zölibatär lebt.

Wie war der Werdegang eines Mönches? Ein Junge aus einer tibetischen Familie wurde meist im Alter von acht Jahren einem Kloster übergeben, die Eltern hatten zunächst für die Unterkunft und die Verpflegung aufzukommen. Der Knabe war dann durch Jahre hindurch sozusagen Diener eines *Lamas* (*Lama* bedeutet Lehrer, es ist dem indischen *Guru* gleichzusetzen). So mag es auch nicht verwundern, daß die materielle Leistungsfähigkeit der Eltern nicht ohne Einfluß war: Wohlhabende konnten für ihren Sohn einen guten Lehrer besorgen, der sich dann auch wirklich um die Erziehung und Ausbildung des Heranwachsenden kümmerte. Der *Lama* brachte dem Mönchsschüler — die Tibeter nennen ihn *Getsül* — zumindest die Anfangsbegriffe des Lesens und des Schreibens bei. Dies geschah vorwiegend anhand der kanonischen Texte des *Kanjur* und des *Tanjur*. Hat der Schüler dann bestimmte Prüfungen bestanden, wurde er — meistens im Alter von 18 bis 20 Jahren — zum Mönch, zum *Gelong* geweiht. Auf dieser hierarchischen Stufe verblieben die meisten Mönche, sie bekamen im Klosterbereich bestimmte Funktionen zugewiesen, die ihren Fähigkeiten entsprachen. Da die großen Klöster auch wirtschaftliche Unternehmungen waren, gab es für einen begabten Mönch viele Möglichkeiten. So trieben diese Klöster Handel mit oft weit entfernten Partnern, Karawanen, die Salz und Yakwolle transportierten, waren oft jahrelang unterwegs, bevor sie mit Gütern aus Kaschmir oder Indien wieder in ihre Klöster zurückkehrten.

Besonders begabte Mönche aber hatten — entsprechende Förderung durch ihre Vorgesetzten vorausgesetzt — die Möglichkeit des Weiterstudiums an den „theologischen Fakultäten" der großen Klöster. Meist schon 30 Jahre alt, erreichten sie dann den Grad eines *Geshe*, eines „Doktors der Theologie". Aus dieser Elite rekrutierten sich die Äbte der Klöster, aber auch die hohen Positionen im tibetischen Staat wurden häufig mit *Geshes* besetzt.

Dieser kurzen Schilderung der Klosterhierarchie in Tibet muß noch hinzugefügt werden, daß viele Mönche ein asketisches, rein spirituell ausgerichtetes Leben bevorzugten. Sie verbrachten oft große Teile ihres Lebens in einsamen Gegenden, nur der Meditation hingegeben. Es war durchaus nicht selten, daß der Abt eines Klosters sich auf einige Zeit — oft waren es Jahre — in die Einsamkeit zurückzog. Auch müssen wir im Zusammenhang mit der Klosterhierarchie ein Wort zum Phänomen des *Tulku* sagen. Ein *Tulku* ist ein Mensch, der im Verlaufe vieler Leben der Erleuchtung schon sehr nahe gekommen ist. Solch ein *Tulku* hat vielfach die Gabe, seine bisherigen Leben bewußt überschauen zu können, er kann sich „erinnern". Viele Äbte tibetischer Klöster sind solche *Tulkus*, ihre Wiedergeburt wird nach ihrem Ableben in einem neuen Körper wieder gesucht. Dies gilt auch für den *Dalai-Lama*.

Versuchen wir nun einmal, an einer *Puja*, einem

Opferritual, in einem der *Lhakangs*, den Gebetsräumen eines tibetischen Klosters teilzunehmen. Versuchen wir, die Stimmung wiederzugeben, die wir Außenstehenden dabei empfinden.

Wenn die ersten hellen Streifen über den Bergen den Sonnenaufgang signalisieren, beginnt die Morgen-*Puja*, das Morgengebet. Die *Lamas, Gelongs* und *Getsüls* in ihren rostroten Gewändern versammeln sich im *Lhakang,* an den ein Figurenraum, meist dominiert von einer großen *Buddha*-Statue, anschließt. Einen Altar in unserem Sinne gibt es hier nicht. An den Wänden zeigen Fresken Szenen aus dem Leben *Buddhas,* soweit sie nicht von *Thangkas,* das sind Rollbilder religiösen Inhalts, verhangen sind. Diese *Thangkas* sind Medidationshilfen, sie führen den Meditierenden bei Betrachtung nach ganz bestimmten Regeln zu einem Zentrum hin.

Die Mönche nehmen im „Lotossitz" mit unterkreuzten Beinen auf niedrigen Erhöhungen Platz, die in der Längsachse des Raumes angeordnet sind. Der zelebrierende *Lama* sitzt auf einem gelb ausgeschlagenen, erhöhten Sitz links von der Mittelachse des *Lhakangs.* Der ganze Raum ist dunkel, er empfängt nur wenig Licht von einer Öffnung in der Mitte des Daches. Auch die vielen Butterlampen geben nur spärliches Licht. Diese Butterlampen und die vielen Räucherstäbchen verbreiten einen intensiven, berauschenden Geruch.

Noch plaudern die Mönche miteinander, dann wird es plötzlich still. Der Rhythmus dumpfer Trommeln und die skandierten Texte aus dem *Kan-*

jur legen sich geradezu beherrschend auf den Beobachter, obwohl er die Sprache nicht versteht. Dieser beherrschende Eindruck wird noch durch die Tatsache verstärkt, daß die rhythmische Betonung, aber auch die Tonhöhe jeder einzelnen Silbe Vorschriften unterliegen, die streng eingehalten werden. Nach einiger Zeit schwillt dieses Murmeln plötzlich an, Zimbeln und Becken sind fast schmerzhaft zu hören. Plötzlich aber brechen die Gebete ab, Stille tritt ein. Schüler gehen durch die Reihen der Mönche und gießen Buttertee aus herrlichen Kupferkannen in kleine hölzerne Schalen, die jeder Mönch bei sich hat. Vor ihm steht auch ein kleiner Lederbeutel mit geröstetem Gerstenmehl, das nun mit dem Buttertee vermischt wird. Dieses *Tschampa* ist nun so etwas wie ein rituelles Mahl im Rahmen der Opferhandlung.

Ein wenig später beginnen wieder die rhythmischen Gebete. Dieser Rhythmus wird schneller, die Lautstärke nimmt zu, neben den Trommeln begleiten nun schrill klingende Schalmeien und Flöten die betenden Mönche. Das ganze schwillt zu einer für unser Ohr nicht sehr schmeichelhaften Sinfonie, die *Ghantas* mischen sich ein. Wir wissen, daß nunmehr die „Schreckerregenden" gerufen werden, die Beschützer der Lehre des *Buddha*. Dumpf tönen die alphornähnlichen, langen Tuben mit ihrem extrem tiefen Ton.

Nun bricht das Ganze plötzlich ab, die entstehende Stille ist fast schmerzlich. Die Mönche aber verlassen plaudernd den *Lhakang*, um ihrer Tagesarbeit nachzugehen.

*D*er Dalai-Lama ist kein Gottkönig

Immer wieder hört und liest man vom *Dalai-Lama*, als dem „Gottkönig". Das ist irreführend, denn die Tibeter sehen in ihrem Staatsoberhaupt keinen Gott im Sinn unserer Gottesdefinition. Er ist für ihn eine Inkarnation — in diesem Fall müßten wir dieses Wort mit „Erdgeburt" übersetzen — des *Bodhisattva Avalokiteshvara*. Der Tibeter nennt den *Dalai-Lama* auch liebevoll *Kundün*, das heißt „Gegenwart".

Betrachten wir die Institution der *Dalai-Lama* zunächst einmal geschichtlich: Im 6. Jahrhundert v. Chr. begann sich in Tibet ein Reich zu entwickeln, dessen Könige nicht in der heutigen Hauptstadt *Lhasa*, sondern im *Yarlung*-Tal residierten. Dieses tibetische Reich war so mächtig, daß es — allerdings nur kurzfristig — die damalige chinesische Hauptstadt *Chang'an*, das heutige *Sian*, erobern konnte.

In diese Zeit der mächtigen *Yarlung*-Könige (7.—9. Jahrhundert) fällt die Einführung des Buddhismus im tibetischen Hochland unter König *Srongtsen Gampo*. Dann allerdings kam eine Zeit der blutigen Verfolgung der Lehre *Buddhas* unter dem König *Langdarma*. Es gab sogar politischen Mord: Ein buddhistischer Mönch erdolchte diesen buddhafeindlichen König!

Unter dem Herrscher *Trisun Detsen* begann dann

eine neue Welle des Vordringens der Lehre. Als dann die *Yarlung-* Dynastie verfiel, ging auch die Einheit Tibets verloren, die einzelnen Provinzen führten ein mehr oder weniger ausgeprägtes Eigenleben, wobei sich zwei Zentren herauskristallisierten: Die Provinz *Ü* mit der Hauptstadt *Lhasa* und die Provinz *Tsang* mit der Hauptstadt *Shigatse.* In diesen Jahren breitete sich der Buddhismus immer weiter aus, Klöster entstanden und bildeten rasch geistige, geistliche, wirtschaftliche, aber auch machtpolitische Zentren. *Tsongkhapa* (1357—1419) war dann der große Reformator des Mönchswesens und der Gründer der *Gelugpa*-Schule, der „Gelbmützen".

Der Titel *Dalai-Lama* wurde erst 1578 vom Mongolenfürst *Altan Khan* an den damaligen Abt der *Gelugpas* und posthum an dessen beide Vorgänger verliehen. Die enge Bindung der *Dalai-Lama* an das Mongolenreich dürfte nicht unwesentlich zum Aufbau der weltlichen Macht des *Gelugpa*-Ordens beigetragen haben. Im 17. Jahrhundert wurde dann auf dem *Marpori*, dem „Roten Berg", der *Potala* erbaut, die Winterresidenz der *Dalai-Lama* und Ausdruck ihrer Macht auf spirituellem und auf weltlichem Gebiet. (Auf dem inselartigen Berg in *Lhasa* stand schon längst vor der Errichtung des Potala ein imponierender Gebäudekomplex, denn schon König *Srongtsen Gampo* hatte dort eine Burg und einen Palast errichten lassen.)

Die *Dalai-Lama* sind also Inkarnationen des *Bodhisattva Avalokiteshvara*. Sie sind aber auch *Tulkus,* das heißt, Wiedergeburten ihrer selbst. Wenn ein

Dalai-Lama stirbt, dann sagt der Tibeter: „Er wechselt seinen Körper." Einer der *Dalai-Lama* antwortete seinem Berater, als dieser darauf hinwies, daß sein Vorgänger in einer Frage anders entschieden hatte: „Wer ist mein Vorgänger, bin ich es nicht selbst?"

Immer wieder wird gerätselt, wie denn die neue Inkarnation, der neue Körper eines *Dalai-Lama* gefunden werde. Wir wollen hier die Geschichte des — heute im indischen Exil lebenden — *Tenzin Gyatso*, des 14. *Dalai-Lama*, erzählen:

Als der 13. *Dalai-Lama* (1876—1933) — eine sehr starke und tatkräftige Persönlichkeit — verstorben war, mumifizierte man seine Leiche und bahrte sie im Lotossitz mit unterschlagenen Beinen in einer der Kapellen des Potala auf. So saß er in seine rituellen Gewänder gehüllt in dem Raum, der einmal sein Grabmal beherbergen sollte. Eines Tages aber bemerkten die Mönche, die Totenwache hielten, daß sich der Kopf der Mumie nach Osten drehte. Die *Lamas* sahen darin einen klaren Hinweis, in welcher Richtung sie den neuen Körper zu suchen hätten. Dazu kam, daß ein alter *Lama* — ein Vertrauter des Verstorbenen — in einem intensiven Traum ein Gehöft sah, das eine merkwürdige Dachkonstruktion aufwies und an einem kleinen, blauen See lag.

So machte sich eine Delegation von hohen *Lamas* mit ihrem Gefolge nach Osten auf, um dieses Gehöft zu suchen. Nach annähernd zwei Jahren fanden sie dann auch, was sie suchten. Sie waren mittlerweile in der Nähe von *Amdo,* einem Gebiet, das zwar tibetisches Kultur-, aber immer schon chinesisches Staatsgebiet war. Das erklärte auch die Dachkonstruktion, die nach chinesischer Art grüne Keramikziegel trug.

Lamas und Diener tauschten nun die Kleider, die Delegation betrat so das Gehöft. Sofort wurden den vermeintlichen *Lamas* die Ehrenplätze angeboten, die als Diener verkleideten *Lamas* warteten im Hof bei den Reittieren. Nur ein aufgeweckter Knirps ließ sich nicht täuschen: Er lief hinaus in den Hof und begrüßte freudig die *Lamas*.

Nun legte man dem etwa Zweijährigen verschiedene Gegenstände vor. Neue, bunt glitzernde, vermischt mit Dingen aus dem Besitz des 13. *Dalai-Lama*. Ohne auch nur einen Moment lang zu zögern, griff das Kind nach „seinen" Sachen, besonders erfreut zeigte es sich über eine alte, abgegriffene Gebetskette, die der 13. Dalai-Lama so gerne benutzt hatte.

Die Delegation war nun überzeugt, den „Neuen Körper" gefunden zu haben, es tauchten aber Schwierigkeiten auf: Die Chinesen hatten Wind von der Sache bekommen und wollten ein militärisches „Ehrengeleit" von 3000 Soldaten mit nach *Lhasa* schicken. Diese „Ehre" konnte nur durch eine hohe Geldsumme vermieden werden, die man aber erst von *Lhasa* herbeischaffen mußte. Die Geldboten durften aus begreiflichen Gründen keineswegs auf dem üblichen — kürzesten — Weg reiten, sie wären mit hoher Wahrscheinlichkeit nicht angekommen. So verging einige Zeit, bis man das Kind und seine Familie nach *Lhasa* bringen konnte.

Dort hat man den Knaben noch einer ganzen Reihe von Prüfungen unterzogen, die aber im Detail nie bekannt wurden.

Nun begann für den kleinen Buben eine Zeit der harten Ausbildung. *Lamas* waren seine Erzieher. Eine Kindheit wie andere Gleichaltrige hatte der Kleine sicher nicht. Seine Eltern und Geschwister konnten ihn zwar manchmal besuchen, ein derartiges Zusammentreffen aber unterlag einem strengen Ritual, das Kind war ja der *Dalai-Lama,*

So wuchs dieser Knabe heran, in einer Zeit, die immer schwieriger wurde. Die chinesische Invasion war abzusehen, das maoistische China machte aus dieser Absicht kein Hehl.

Die politisch Verantwortlichen im tibetischen Staat dieser Zeit — während der Minderjährigkeit des *Dalai-Lama* führte ein Regent die Staatsgeschäfte — waren offensichtlich von einer geradezu überwältigenden Ahnungslosigkeit. Man wollte einfach nicht wahrhaben, daß echte Gefahr von der chinesischen Volksbefreiungsarmee drohe. Man hat allen Ernstes geglaubt, daß eine winzig kleine, schlecht bewaffnete tibetische Armee — wenn man überhaupt von einer solchen sprechen kann — Tibet erfolgreich verteidigen könne. Auch rächte sich jetzt die internationale Isolation Tibets, das sich durch die Jahrhunderte als „Verbotenes Land" gesehen hatte. So erkannte man den Ernst der Lage reichlich spät und setzte 1950 eine Handlung, die für uns auch nicht ohne weiteres verständlich ist: Man beeilte sich, den erst fünfzehnjährigen *Dalai-Lama* zu inthronisieren. Der *Dalai-Lama* mußte schon

1951 nach Indien flüchten, kehrte aber wieder zurück, hoffend, daß sich die Situation doch etwas bessern würde. Aber 1959 mußte er sein Land entgültig verlassen und wieder nach Indien flüchten.

Die chinesischen Besatzer sahen sich von Anfang an als Herren Tibets. Sie verboten den Anbau von Gerste in Tibet weil sie davon ausgingen, daß Weizen wesentlich nährstoffreicher wäre. Sie vergaßen aber, daß Weizen in diesen Höhen und unter den herrschenden klimatischen Bedingungen kaum oder nicht gedeihen kann. Eine fürchterliche Hungersnot war die Folge dieser Anordnung, die vom mangelnden Einfühlungsvermögen und vom Fehlen jeglicher Kenntnisse der chinesischen Herren beredtes Zeugnis ablegt. (Mittlerweile haben sich die Chinesen einsichtig gezeigt, die Tibeter bauen jetzt wieder ihre Gerste für ihr *Tschampa* und ihr geliebtes Gerstenbier an.)

Die Flucht des *Dalai-Lama* im März 1959 war eine dramatische Sache: Er hielt sich zu diesem Zeitpunkt in seinem Sommersitz *Norbhulinka,* im „Edelsteingarten", auf. Die Lage war äußerst gespannt, die Chinesen hatten massiv Streitkräfte in *Lhasa* stationiert. Die Armeekommandantur lud nun den *Dalai-Lama* zu einer Veranstaltung in *Lhasa* ein. Er und seine Berater mußten der Lage nach in dieser Einladung eine Falle sehen, der *Dalai- Lama* lehnte ab.

Die Zuspitzung der Situation blieb auch den Menschen der Stadt und ihrer Umgebung nicht verborgen. Innerhalb kurzer Zeit bildeten tausende Menschen einen lebendigen Ring um den Sommerpalast, um ihren *Kundün* zu schützen. Als nun die „Volksbefreiungsarmee" die Beschießung des *Norbhulinka* begann, blieb dem *Dalai-Lama* nur noch die Flucht. Mit seinen Getreuen gelang es ihm, in der Nacht aus dem Sommerpalast zu entkommen und den Weg nach Süden in Richtung Indien zu nehmen. Ein ihm besonders ergebener *Khampa* — das ist ein Angehöriger eines osttibetischen, als besonders kriegerisch bekannten Stammes — bildete die Nachhut, er verlor bei der Sicherung des Flußüberganges sein Leben. Jetzt lebt der 14. *Dalai-Lama* in *Dharamshala* in Nordindien im Exil.

Seit der Kulturrevolution mußten viele tausend Tibeter aus ihrer Heimat flüchten, unzählige Menschen wurden verschleppt und viele getötet. Dieses Land am Dach der Welt zahlte ungeheuren Blutzoll, große Teile der tibetischen Bevölkerung leben heute verstreut in der ganzen Welt in einer Art Diaspora. Es gibt Flüchtlingslager über ganz Indien verteilt, in der Schweiz, in Amerika, in Italien, Spanien, Deutschland, Österreich und auch in Australien.

Ungebrochen aber ist dieses Volk in seinem Glauben, seinem Wissen um die Lehre des Erleuchteten, der vor 2500 Jahren den Menschen die Lehre verkündet hat. Freilich sind auch einige Tibeter in das Lager der Gegenseite gewechselt. Der *Panchen-Lama* — ein hoher Würdenträger — und ein Mitglied einer tibetischen Adelsfamilie, das heute ein hoher kommunistischer Funktionär ist, sind zwei prominente Beispiele.

Gerechterweise muß hier angemerkt werden,

daß nach dem Ende der Kulturrevolution die Religionsausübung in Tibet wieder einigermaßen frei ist. Auch werden die katastrophalen Verwüstungen, die während der Kulturrevolution von plündernden Revolutionsgarden verursacht wurden, nach und nach wieder repariert.

Man sieht wieder Gläubige in den *Gömpas,* sie umrunden wieder den *Parkhor,* den „heiligen Umgang" in *Lhasa,* wie eh und je. Aber: Die Mönche in den Klöstern sind Angestellte der „Autonomen Region Tibet der Volksrepublik China". Auf diese Weise steuert man so unter anderem die Zahl der Mönche in den einzelnen Klöstern, da man ja die Zahl der „Angestellten" bestimmt. Allerdings hat der *Dalai-Lama* bei seinem Gespräch mit dem Autor festgestellt, daß sich immer weniger Klöster an die von der Behörde vorgegebene Zahl halten. Noch fliehen Mönche aus tibetischen Klöstern, denn dort haben sie kaum eine Chance, eine wirklich profunde Ausbildung zu erhalten. Die Exil-Tibeter haben aber in Indien — in der Nähe Bombays — wieder ihre Klosteruniversitäten gegründet. Dort ist jene Schulung möglich, die ihnen in Tibet versagt bleiben muß.

Wahrscheinlich hätten es die Chinesen — zumindest bis zu den Unruhen im Herbst 1987 — gar nicht so ungerne gesehen, wenn der *Dalai-Lama* zurückgekehrt wäre. Doch wird er dies unter den gegenwärtigen Verhältnissen kaum tun können: Er würde den Status quo damit anerkennen, und genau das wird er sicherlich nicht riskieren. Auch gab den Chinesen der Empfang einer Delegation unter der

Führung der Schwester des *Dalai-Lama* in Tibet zu denken. Sie haben offensichtlich nicht mit einer so großen Begeisterung der Bevölkerung für den *Dalai- Lama* gerechnet.

Noch ein Wort zum *Panchen-Lama*. Der Titel wurde dem Abt des Klosters *Tashilhumpo* in *Shigatse* vom 5. *Dalai-Lama* verliehen. Das war 1650 v. Chr. *Panchen-Lama* ist eine Abkürzung, der eigentliche Titel heißt *Pandita Chen Po,* was am ehesten mit „Großer Gelehrter" zu übersetzen ist. Der *Panchen-Lama* war als Abt von *Tashilhumpo* auch Herr der Provinz *Tsang,* die in der Politik Tibets von altersher eine gewisse Sonderstellung innehatte. Gegensätzlichkeiten zum *Lhasa*-Adel führten nicht selten zu Streit.

Nach der Besetzung Tibets durch die Chinesen verschwand der *Panchen-Lama* aus *Shigatse* auf mysteriöse Weise. Sein Nachfolger, sein „neuer Körper" aber ist umstritten, er wurde höchstwahrscheinlich von den Chinesen eingesetzt. Jedenfalls ist er heute „Stellvertretender Vorsitzender der Kommission für Minderheiten in der chinesischen Volksrepublik" und gehört als solcher dem chinesischen „Parlament" an.

Er lebt heute in Peking und ist angeblich verheiratet, das heißt er hat das strenge Zölibat des *Gelugpa*-Ordens, dem er angehört, gebrochen. Es ist allerdings in diesem Zusammenhang anzumerken, daß die *Panchen-Lamas* schon immer wesentlich chinesenfreundlicher als die *Dalai-Lamas* und der *Lhasa*-Adel waren.

Wir sind zwar jetzt von unserem eigentlichen Thema, dem tibetischen Buddhismus, abgekommen, doch ist die Geschichte der *Dalai-Lama* — im besonderen die des heute lebenden Vierzehnten — letztendlich ein Stück buddhistischer Geschichte. Der 14. *Dalai-Lama* ist ein weltoffener Mann, der weltmännisches Format aufweist und sicherlich das weitere Schicksal eines beträchtlichen Teiles des noch lebenden Buddhismus mitformt.

In den Himalayaländern traf der Buddhismus auf ein animistisch-schamanistisches Weltbild. Dieses wurde nicht ausgerottet, sondern weitgehend in buddhistische Anschauungen integriert, aus Dämonen und Geistern wurden „Beschützer der Lehre". Tibetische Wesensart, Kultur und Tradition führten zur Ausformung dessen, was wir heute den „tibetischen Buddhismus" oder Lamaismus zu nennen pflegen. In diese Vajrayana-Gedankenwelt haben sich tantrische Elemente gemischt, sie sind zum Teil sogar bestimmend geworden. Die besonderen Verhältnisse in Tibet führten zur Institution der Dalai-Lama. Diese damit verbundene „Theokratie" wurde durch die Reformation der Klöster durch Tsongkhapa und die Gründung des Gelugpa-Ordens ermöglicht und geprägt.

Mantras und Mandalas
und das „Buch der Toten"

Wörter und Silben sind mehr als ein reines
Verständigungsmittel, sie bergen darüber hinaus noch
Aussage und Sinn.

„Alles Sichtbare haftet am Unsichtbaren, das Hörbare am Unhörbaren, das Fühlbare am Unfühlbaren: Vielleicht auch das Denkbare am Undenkbaren." Dieses Wort des großen abendländischen Mystikers *Eckehart* zeigt uns ganz deutlich, daß Überlegungen, die wir im Zusammenhang mit buddhistischem Denken anstellen, durchaus auch Wurzeln in unserem eigenen Kulturkreis haben. „... das Hörbare am Unhörbaren ...", das ist die Leitschiene zum Verständnis der *Mantras*. Ein Wort, eine Silbe, ein einzelner Buchstabe, sie sind nicht nur und ausschließlich vordergründige Mittel zur Verständigung der Menschen untereinander.

Sie sind mit der Melodie eines Liedes zu vergleichen, das Wort kann über die reine Wortbedeutung hinaus Wortsinn und Aussage in sich bergen. Diese Tatsache ist vielfach in Vergessenheit geraten, beziehungsweise in unterbewußte Regionen abgedrängt worden. Denken wir doch an den Begriff „Wortmagie", der noch durchaus gebräuchlich ist. Diese „Zauberkraft" des Wortes beschränkt sich durchaus nicht auf den Bereich der Poesie, sie wirkt, wie uns die Erfahrung lehrt, auch im Alltag. Sie klingt in jedem Wort, in jedem Schrei, in jedem

Geflüster. Heißt es nicht, der Ton mache die Musik?

Mantras sind nichts anderes, als zum Laut gewordene Denkbilder

Es gibt viele Mantras, wir wollen hier eine bekannte Aneinanderreihung, das *Om Mani Padme Hum* etwas näher untersuchen und verzichten ganz bewußt auf einen Übersetzungsversuch, der sicher nicht geeignet ist, uns den Sinngehalt näherzubringen. Wir folgen — leicht modifiziert und gekürzt — einer Interpretation von *Lama Anarika Gowinda.*

• *Om* ist der „Weg zur Allheit", ist Ausdruck latenter Kräfte der Elemente Erde und Wasser, umgewandelt in die höhere Form der Pflanzen. Diese Kräfte aber liegen transformiert in jeder Kreatur, also auch in jedem Menschen vor. *Om* ist Ausdrucksmöglichkeit der menschlichen Fähigkeit zur Reflexion, es ist Lautäquivalent für die äußere und innere Form der Rede. *Om* ist die Quintessenz, die „Wurzelsilbe", also so etwas wie ein Samenkorn, das um seine zukünftige Form, um sein zukünftiges Sein weiß.

• *Mani* steht für den „Weg der Ganzwerdung und der Wesensgleichheit". *Mani* ist mit dem „Stein der Weisen" und der „Blauen Blume" der abendländischen Mystiker und philosophischen Alchimisten gleichzusetzen, es ist Symbol der Reinheit in ihrer undifferenzierten Urform. *Mani* wird von einigen Autoren dem „Juwel" gleichgesetzt. Das ist nur dann sinnrichtig, wenn man darunter nicht einen wertvollen Stein, den man begehrt, versteht, sondern den „Diamant" *(Vajra)* als Sinnbild des Unzerstörbaren, des Absoluten sieht.

• *Padme* ist der „Weg entfaltender Schauung". Die Lotosblüte — daher leitet sich das Wort ab — entwächst der Dunkelheit des Schlamms, durchbricht das Element Wasser, bleibt aber — einmal erblüht — von beiden unberührt. Sie gleicht so dem menschlichen Geist, der sich aus Unwissenheit zum Erleuchtungsbewußtsein erheben kann. Die Wurzeln der Menschheit sind in der dunklen Tiefe der Welt, sie können aber hinausragen in die lichte Fülle der Erkenntnis.

• *Hum* ist der „Weg integrierender Einschmelzung". *Om* und *Hum* sind komplementäre Erlebniswerte, vielleicht vergleichbar dem *Alpha* und *Omega* der christlichen Mystik. Im *Om* öffnen wir uns, im *Hum* geben wir uns hin, denn es ist ein Opferlaut. *Hum* ist das Unendliche im Endlichen, das Ewige im Augenblick, das Zuständliche im Gegenständlichen, das Formlose in der Welt der Formen, das Überweltliche im Weltlichen: Die Weisheit des „Großen Spiegels", das *Sunyata,* die „Leere".

Wir haben uns hier bewußt voll der Mystik hingegeben, doch wird dieses *Om Mani Padme Hum,* dieses *Mantra* des *Avalokiteshvara* jetzt für uns etwas anderes sein, als die handelsübliche Übersetzung: „Der Edelstein im Lotos geborener . . ."

In diesem Zusammenhang sollten die tibetischen „Gebetsmühlen" erwähnt werden. Diese Zylinder enthalten Papierstreifen — meist sind es Blockdrucke aus einem Kloster — mit *Mantras* oder Kapiteln aus dem *Kanjur,* der „heiligen Schrift" des tibetischen Buddhismus. Das Drehen — immer im Uhrzeigersinn! — dieser Gebetszylinder trägt das *Mantra* nach dem Verständnis der Gläubigen tausendfach hinaus in den Bereich des Absoluten. Abendländische Autoren haben dies als „mechanisierte Frömmigkeit" abgetan, doch sollte man sich besser eines Urteils und damit einer Verurteilung enthalten.

Nähert man sich einem tibetischen Kloster, so findet man meist unübersehbare „Wegweiser", die *Mani*-Mauern, die auf das Heiligtum hin ausgerichtet sind. Sie bestehen aus abertausenden *Mani*-Steinen, die von den Pilgern seit Generationen aufgeschichtet wurden. Sie tragen ein eingemeißeltes *Mantra,* meist ist es das *Om Mani Padme Hum* des *Avalokiteshvara.* Der Gläubige wird immer so entlang einer *Mani*-Mauer gehen, daß ihr seine rechte Schulter zugekehrt ist. (Während der Kulturrevolution haben die Chinesen vor allem in *Lhasa* diese *Mani*-Mauern abgerissen und die Steine zum Straßenbau verwendet!)

Je näher wir einem Kloster kommen, desto häufiger werden wir *Chörten* — also *Stupas* — verschiedenster Größe antreffen. Sie sind heute keine Reliquienschreine mehr, wie dies ursprünglich — besonders unter Kaiser *Ashoka* — der Fall war. Die gemauerten Gebilde haben ein gemeinsames

Grundkonzept. Auf einer quadratischen Basis mit mehreren Stufen steht ein zylindrischer Bauteil, der von „Schirmen" gekrönt wird. Abgesehen von diesem allen gemeinsamen Bauprinzip zeigten sich eine Reihe von Unterschieden in der Größe, Zahl der Stufen, Proportion des zylindrischen Teiles und der Farbe. Jede dieser Einzelheiten hat symbolische Bedeutung, die der Tibeter „ablesen" kann. Manche *Chörten* sind begehbar und innen mit bunten Fresken geschmückt, auf die nie Tageslicht fällt. Andere sind als Tore zu „heiligen Bezirken" ausgebildet, durch die man zum Beispiel den Klosterbereich betritt. Auch gibt es *Chörten,* die in ihrem zylindrischen Teil vier nach den Himmelsrichtungen orientierte Nischen mit Buddhafiguren aufweisen.

Eine Sonderform dieser Bauten sind die „Papier-*Chörten"*. Sie dienen der Aufnahme von nicht mehr gebrauchten Schriften, denn ein Buddhist würde Geschriebenes niemals einfach wegwerfen. So werden die zerlesenen und unbrauchbar gewordenen Schriften in eigenen *Chörten* aufbewahrt, bis sie eines Tages vermodert und damit wieder in den Kreislauf der Natur eingegangen sind.

*M*andalas sind Meditationshilfen, nicht aber eigentlich Gegenstände der Anbetung

Ein *Mandala* ist ein meist kreisförmiges Gebilde mit einer Zentralfigur und vier „Toren", die den

Himmelsrichtungen zugeordnet sind. Über verschiedene „Stationen" lenkt der Meditierende seinen Geist bei der Betrachtung solch eines *Mandalas* in dessen Zentrum, mit dessen symbolischer Figur er sich identifiziert. *Mandalas* finden wir als Wandgemälde an den Wänden der *Gömpas*, auf *Thangkas*, und auf Gebetsfahnen. Viele *Chörten* sind — es wurde schon angedeutet — im Grunde genommen nichts anderes als dreidimensionale *Mandalas*.

Es gibt noch eine besondere Art solcher Darstellungen, die Initiations-*Mandalas*. Wenn — nehmen wir ein Kloster irgendwo im Himalayagebiet — ein *Getsül*, ein Mönchsschüler, zum *Gelong* geweiht werden soll, dann gibt ihm sein *Lama*, sein Lehrer und geistiger Führer, ein eigenes, persönliches *Mandala* mit auf seinen weiteren Lebensweg. Er legt es meist mit gefärbten Gerstenkörnern auf dem Boden aus, weist seinen Schüler ein und gibt ihm eine letzte feierliche Belehrung. Der junge Mönch meditiert dann über dieses sein *Mandala* und prägt es sich unauslöschlich ein. Anschließend wird es zerstört und lebt fortan nur im Geiste des neu ordinierten Mönches weiter.

Eine Sonderform des *Mandala* ist das *Yantra*, das sich nicht mehr der figürlichen Darstellung, sondern ausschließlich der geometrischen Zeichnung bedient. Kreise, Dreiecke, Quadrate und Rechtecke — manchmal auch Ellipsen — ergeben ein Ganzes, das den Meditierenden leitet.

Die dem *Mandala* und dem *Yantra* zugrunde liegende Idee wurde aus dem Hinduismus übernommen und verfeinert. Aber letztlich ist dieses Gedan-

kengut allen Kulturen eigen, der Kreis und die zum
Zentrum hinweisenden Strukturen sind uraltes
menschliches Symbolgut. Ein Rosettenfenster eines
gotischen Doms mag hier ein Beispiel sein.

*D*ie Toten kehren in den Kreislauf der Elemente zurück

Immer wieder hört man von den „fürchterli-
chen", „barbarischen" Totenbräuchen des tibetischen Buddhismus. Nur Äbte und andere sehr
hoch gestellte Personen werden nach ihrem Tod
verbrannt, die übliche Bestattungsart ist hingegen
das „Himmelsbegräbnis": Der Tote wird an einen
bestimmten Ort gebracht, zerstückelt und den Gei-
ern und Wölfen überlassen.
Das mag uns wenig pietätvoll erscheinen, doch
sollten wir bedenken, daß Holz rar ist und für die
Lebenden gebraucht wird. Auch gibt es kaum Platz
für Begräbnisse: Bebaubares Land ist zu selten und
zu wertvoll, alles andere Terrain läßt Begräbnisse
kaum oder nicht zu. Auch sehen die Menschen
dort im „Himmelsbegräbnis" etwas ganz Norma-
les: Der Tote kehrt so in den Kreislauf der Elemente, in den Kosmos, in das immerwährende Werden
und Vergehen in der Welt des Irdischen zurück.
Auch wir hören, daß wir „wieder zu Staub werden,
aus dem wir gemacht sind".
Die Orte der „Himmelsbegräbnisse" bewegen

die Phantasie der Menschen, so wie es auch unsere Friedhöfe tun. Der Volksglaube sieht dort Geister und Dämonen, die voll des wilden Hasses und des Bösen sind. Nicht selten nehmen diese blutgierigen Dämonen die Gestalt von Ildris, dem Schneeleoparden, an. Dieses selten gewordene Raubtier gibt es allerdings wirklich dort oben im tibetischen Hochland.

Wie sich buddhistisches Ideengut verändern kann, wie sehr sich Elemente des vorbuddhistischen *Bön* wieder in den Vordergrund drängen können, mag ein angeblich auch heute noch praktiziertes Ritual, der *Chöd*, demonstrieren: Ein Mönch, der sich jahrelang auf dieses Ereignis vorbereitet hat, verbringt allein viele Tage und Nächte an so einer Stätte der „Himmelsbegräbnisse" und bietet sich dort den Dämonen als Opfer dar. Er bittet sie, sich seines Körpers und seines Blutes zu bedienen, es ist ein seltsam anmutender Akt der Selbstaufopferung. Man kann sich vorstellen, was so ein junger Mensch in seiner Ekstase erlebt, er ist in Gefahr, seinen Verstand zu verlieren. Auch mag es vorkommen, daß ein hungriger Schneeleopard dieses Werk vollendet.

Es wäre aber grundfalsch und irreführend, würde man Geister- und Dämonenbeschwörung — oder gar den hier skizzierten *Chöd*-Ritus — als dem Buddhismus eigen betrachten. Hier sind es wieder animistisch-schamanistische Wesenszüge, die zum Durchbruch kommen und die „Lehre des Erleuchteten" überwuchern.

Schamanistisch-magische Elemente sind wahrscheinlich auch im sogenannten „Tibetischen Totenbuch" enthalten. Diese im Abendland übliche Bezeichnung ist alles andere als glücklich zu nennen, trifft sie doch den Kern der Sache nicht. In Tibet spricht man vom *Bardo Thödol. Bardo* heißt „Zwischenzustand". Es ist damit jene Zeit gemeint, die zwischen dem Ableben eines Menschen und dessen Wiedergeburt liegt. Das tibetische Wort *Thos Grol* — ausgesprochen *Thödol* — wäre am besten mit „Hörbefreiung" wiederzugeben. Es gibt verschiedene derartige Schriften, einige sind uns in Übersetzungen zugänglich, wobei allerdings zu bedenken ist, daß Transskriptionen derartiger Texte überaus schwierig sind und auch Risken in bezug auf Verfälschung in sich bergen. Um den *Bardo Thödol* zu lesen, sind Kenntnisse der *Vajrayana*-Mystik und des buddhistischen Denkens im allgemeinen wohl unabdingbar.

Der *Bardo,* der „Zwischenzustand" und die in ihm erscheinenden Visionen können weder als Volksaberglauben, noch als theoretische Spekulationen aufgefaßt werden. Sie sind „Schaubildentfaltungen" der Meditation, sichtbar werdende Reflexionen innerer Vorgänge und Geisteszustände, die durch eine lebenslange Schulung in der Meditation erworben wurden. Das heißt, daß sich der Mensch schon in seinem Leben mit den Schriften des *Bardo Thödol* beschäftigen muß. Sie sind also vielmehr ein „Buch der Lebenden" als ein „Totenbuch".

In der Phase des Ablebens ruft der *Lama* die vom Sterbenden bereits im Leben geformten Bilder ab. Die Visionen der „friedfertigen" und der „schreckerregenden" Wesenheiten wirken wie ein Schutzwall gegen die Schrecken des Sterbens und die Drohung des Abgleitens in niedere Daseinsbereiche. Für diese Menschen ist die Wiedergeburt ja keine Spekulation, sondern einfach eine gegebene Tatsache.

Wenn der *Lama* also das jeweilige Kapitel des *Bardo Thödol* mit den Worten „. . . Sohn des Edlen, höre aufmerksam zu . . ." beginnt, dann ruft er innere Erlebniswerte ab, die im Leben vorgeformt worden sind.

„O daß ich jetzt, wo mir der *Bardo* des Lebens aufgeht, Müßiggang aufgebe, da das Leben keine Zeit zum Verschwenden hat, den Pfad des Hörens, des Nachdenkens und der Meditation beschreite, auf dem Weg der Erscheinungsformen und des Geistes den ‚Dreifachen Körper' verwirkliche und — nachdem ich nun einmal die menschliche Gestalt erlangt habe — keine Zeit auf dem Weg wertloser Zerstreuung verschwende."

Im Sterben erscheint zunächst das „Urlicht". Der spirituell Fortgeschrittene wird es als solches erkennen, er wird in diesem Moment die Erleuchtung erlangen, ein Buddha werden und in das *Nirwana* eingehen. Ist der Mensch aber noch im dichten Netz seines *Karma* verfangen, werden ihm Visionen zuteil, die aus ihm selbst, aus seinem eigenen *Karma* kommen und in diesem bedingt sind.

„Jetzt erscheinen die Lichter der fünf Ordnungen, welche die Einheit der vier Weisheiten bilden: Bemühe dich, diese zu erkennen . . ."

Immer wieder eröffnet sich im Verlauf der Erscheinungen und Visionen die Möglichkeit, durch die Erkenntnis, auszuscheren aus dem *Bhava Chakra,* dem „Rad der Wiedergeburten". Eindringlich weist der *Lama* dem Dahinscheidenden die sich ihm bietenden Gelegenheiten, immer wieder mahnt er ihn, „das trübe Licht zu meiden".

Dann aber — so der Durst und die Gier nach Sein und Leben unvermindert stark sind — quellen die „Schreckerregenden" aus dem Bewußtsein dessen, der da im *Bardo,* im „Zwischenzustand" ist. Der *Lama* versichert dem Sterbenden immer wieder, daß er keine Angst zu haben braucht: Die schrecklichen Gestalten kommen aus ihm selbst, sie sind nicht wirklich, sie sind Produkte unseres eigenen *Karma.*

Je weiter der *Bardo* fortschreitet, desto eindringlicher warnt der *Lama* vor der Gier, die dazu führen wird, daß dieser Mensch blindlings in ein neues, *Karma*-bedingtes Dasein stürzt. Ihm erscheinen jetzt seine *Yidams,* die „Schutzgeister". Auch sie sind nicht wirklich, auch sie entstammen den eigenen Tiefen.

Ein sehr wesentlicher Teil des *Bardo Thödol* befaßt sich mit der „Bewußtseinsübertragung". Diese „Bewußtseinsübertragung" ist eine tantrische Praktik, die sich weitgehend unserem Denken entzieht.

Diese sollte schon in jungen Jahren vorgenommen werden, doch spätestens, wenn der Mensch dabei ist, ein weiteres Sein anzustreben. Sie ist eine *Yoga*-Technik, die in Verbindung mit dem *Dhyani*-Buddha *Amitabha* und dessen „strahlendem Licht" steht. *Hig* ist das führende *Mantra* dieses physisch-psychischen Geschehens. Es hat den Zweck, den obersten Ausgang an der Schädeldecke — die Fontanelle — so vorzubereiten, daß beim Tod ein ungehinderter Austritt des Bewußtseins möglich wird.

Wir bewegen uns hier auf einem Gebiet, dem gegenüber sich unser Denken und unsere Lebenserfahrung sehr spröde verhalten, wenngleich die heutige Tiefenpsychologie hier archetypische Vorgänge unseres Unterbewußtseins erkennen kann.

Der Zustand des *Bardo* währt üblicherweise 49 Tage. Da die Leiche meist nicht so lange im Haus behalten werden kann, wird sie durch ein Bild ersetzt, beziehungsweise symbolisch dargestellt.

Der Buddhist kennt den Begriff der persönlichen Seele nicht. Im nächsten Leben inkarniert nicht eine bestimmte, definierte Ich-Persönlichkeit, sondern deren karmatischer Impuls. Die Konfigurationen des *Karma* leben weiter, nicht aber eine Individualität. Von den *Tulkus*, die hier eine Ausnahme bilden, ist schon gesprochen worden.

Der *Bardo Thödol* ist ein „Schatztext". Darunter versteht man Schriften, die *Buddha* selbst zugeschrieben werden. Dann allerdings blieben sie durch Jahrhunderte verborgen. Erst als die Menschen spirituell genügend fortgeschritten waren, um sie zu verstehen, tauchten sie wieder auf, um Hilfe auf dem Heilsweg zu geben. Solche „Schatztexte" gibt es viele, und die Buddhisten des „Diamantenen Fahrzeugs" sind überzeugt, daß noch weitere auftauchen werden.

Mantras sind „Keinsilben", sozusagen „zwischen den Tönen und Lauten Gesprochenes". Mandalas und Yantras sind zwei- oder dreidimensionale Meditationshilfen, die den Geist des Meditierenden über spirituelle Stationen in das Zentrum führen. Sie sind Wegweiser des Meditierenden hin zur Identifikation mit dem Zentrum, dem Absoluten. Die Totengebräuche der Tibeter, die „Himmelsbegräbnisse", tragen nicht nur der Philosophie der Einheit alles Seienden, sondern auch den örtlichen Bedingungen Rechnung. Der Bardo Thödol ist kein „Tibetisches Totenbuch", vielmehr eine Yoga-Technik, die meist ein ganzes Leben lang geübt wird.

Der Buddhismus und das Abendland des 20. Jahrhunderts

Wie dereinst die Sancta Simplicitas des Glaubens, so schleppt heute die Sancta Simplicitas der Wissenschaft ihre Scheiter herbei, den „Ketzer" zu verbrennen.
(Christian Morgenstern)

Wir sind in diesem Buch den Weg von prinzipiellen Überlegungen des *Buddha Shakyamuni* bis hin zu schwierigen tantrischen Gedanken im *Vajrayana*-Buddhismus nachgegangen. Die Frage liegt nahe, was kann das alles uns bedeuten, um in der Sprache des abendländischen Menschen zu sprechen: Was haben wir davon, welche Vorteile können wir für uns buchen?

Blättert man die Angebote der diversen Reiseveranstalter durch, dann stellen wir unschwer fest, wie unglaublich leicht es ist, physisch in eine andere Welt zu gelangen. So pilgern auch tausende Menschen aus Europa und Amerika durch die Tempel Nepals, Thailands, Chinas, Birmas, Sri Lankas und Indiens. Die *Stupa* von *Borobodur* in Java — ein riesiges, dreidimensionales *Mandala* — ist, wie auch andere derartige Anlagen, mehr oder minder museal, unsere Fotoapparate fangen „exotische" Motive ein. Und dabei bleibt es.

Nun hat man in der „Verbotenen Stadt", in *Lhasa,* ein riesiges Hotel eröffnet, auf dem *Parkhor,* dem heiligen Umgang, und in den Klöstern verkauft man Sakralgegenstände und *Thangkas,* manches wird schon plump gefälscht. Freilich: Der

Fremdenverkehr bringt Devisen in das Land. Auf vom Autor geäußerte Bedenken antwortete ein tibetischer Adeliger — heute ist er kommunistischer Kader — in gutem Englisch: „Warum sollten ausgerechnet wir nicht teilhaben an den Gewinnen aus dem Fremdenverkehr? Ihr macht es doch auch nicht anders! Soll Tibet immer das Armenhaus der Volksrepublik China bleiben? Wir wollen hier den Fortschritt!" Kann man dem Mann eigentlich widersprechen?

Der *Dalai-Lama* kommentierte den Verkauf von — wahrscheinlich gestohlenen — Sakralgegenständen und *Thangkas* so: „Es ist sicher bedauerlich, wenn solche Dinge entwendet werden, doch hat es durchaus auch positive Aspekte: Es kann sein, daß ein Europäer oder ein Amerikaner irgendwann und irgendwo beim Anblick eines *Thangkas* etwas empfindet, daß er ihm etwas sagt."

Auch dem Fremdenverkehr an sich steht der heutige *Dalai-Lama* absolut bejahend gegenüber: „Die Menschen lernen sich kennen, sie lernen sich verstehen." Hier schwingt wohl Optimismus mit.

Die Frage bleibt, ob der Tourist, der mangelhaft oder gar nicht vorbereitet eine fremde Kultur „konsumiert", außer seinem Geld nicht auch negative Einflüsse für die Einheimischen in das Land bringt. Unsere Vorstellungen von Glück und Lebensinhalt sind nun einmal wie sie sind. Ob sie auch für die „armen" Menschen zum Beispiel dort oben im Himalayahochland Gültigkeit haben können? Haben wir — außer im materiellen Bereich — etwas zu geben, etwas Gebenswertes?

Wie steht es aber umgekehrt, hat buddhistische Lebenssicht, wie wir sie hier nur unvollkommen skizzieren konnten, uns etwas zu sagen? Wir Menschen der westlichen Zivilisation wären wohl nicht gut beraten, zum Beispiel *Vajrayana*-Buddhisten zu werden. Neben der unbestreitbaren Tatsache, daß wir es gar nicht könnten, muß doch unser Gebot lauten, mit dem Leben, in das wir hineingestellt sind, fertig zu werden. Flucht aus eben diesem „zivilisierten" Leben kann nicht zielführend sein. Und dennoch wäre es vorstellbar, daß Gedanken der buddhistischen Philosophie geradezu nahtlos in unsere Zeit, in unsere Welt, passen.

Die Vorstellung des *Karma* als die universelle Eigenverantwortung des Menschen sich selbst, dem Mitmenschen und der Mitwelt gegenüber ist es wert, gerade vom Zivilisationsmenschen gedacht zu werden. Eine so vorgegebene Handlungsweise könnte manches Problem lösen helfen. Auch steht der Grundgedanke gar nicht so sehr im Widerspruch zu Traditionen, in welchen wir aufgewachsen sind, als dies beim ersten Hinsehen den Anschein haben mag. Die uns oft als „Meinungslosigkeit" imponierende Toleranz der buddhistischen Denkart ist ihre Stärke. Der Mangel an Toleranz unserer eigenen Gesellschaft aber ist — dies dürfte nicht zu leugnen sein — unsere Schwäche. Toleranz ist — das sollte allgemeine Gültigkeit haben — nicht meinungslose Duldung, meinungs- und kritikloses Erleiden des anderen. Sie ist vielmehr bewußte Stärke aus einem erweiterten Bewußtsein heraus, aus dem inneren Wissen um die Einheit der

Phänomene des Lebens. Nur echte innere Sicherheit kann Toleranz zeugen, niemals aber deren Gegenteil. Intoleranz erwächst aus Schwäche.

Die Zeiten ändern sich. Wenn der westliche Mensch bis vor wenigen Jahren bedingungslos an seine Überlegenheit glaubte und die „anderen" als „arme, unzivilisierte und unkultivierte Barbaren" betrachtete und glaubte, ihnen die Segnungen des Westens — und sei es mit Waffen- oder Wirtschaftsgewalt — bringen zu müssen, dann ist doch festzustellen, daß wir mittlerweile an dieser unserer Fehlhaltung recht ernsthaft zu zweifeln beginnen. Langsam aber stetig setzt sich bei uns die Erkenntnis durch, daß materieller Besitz und menschliches Glück einander nicht unbedingt bedingen, daß „Wachstum" und immerwährender „Fortschritt" letztendlich Schimären sind. Immer mehr Menschen fühlen, daß „es so nicht weitergehen kann". Wir haben durch gnadenlose Spezialisierung große Leistungen auf technischem Gebiet erzielen können. Die menschliche — und damit die gesellschaftliche — Entwicklung aber blieb auf der Strecke. Das Ganzheitsdenken des Buddhismus könnte hier gewissermaßen ein Wegweiser sein. Nicht zurück kann und soll unser Weg führen, aber die Zukunft gestalten wir eben jetzt und heute.

Unser angemaßtes Überlegenheitsdenken führte dazu, daß der „Weg nach Innen" für den Menschen verschüttet wurde. Der Begriff „Esoterik" geriet nicht nur in Vergessenheit, sondern auch in Verruf, er galt — und gilt teilweise auch heute noch — als „negativ besetzt". Was soll auch ein Mensch, der

der Verinnerlichung lebt, in einer Produktions- und Konsumgesellschaft? Er kann doch wohl kein brauchbares Mitglied dieser so erfolgreichen und erfolggewohnten Gesellschaft sein.

Buddhistisches Gedankengut könnte unsere maßlose Selbstbezogenheit heilen helfen. Es könnte und sollte uns Anregungen geben, die wir so dringend brauchen, wollen wir nicht eines unheilvollen Tages in ein Inferno — vielleicht sogar der Massenvernichtung — abgleiten. Der Mensch als „Mittelpunkt allen Seins" ist fragwürdig geworden, wir werden wieder lernen müssen, daß wir Teil eines Ganzen sind, daß die Harmonie dieses Ganzen nicht ungestraft negiert werden kann. Nicht der Buddhismus als religiöse Institution, wohl aber Gedankengänge der buddhistischen Philosophie könnten uns „reichen" Zivilisationsmenschen Hilfestellung bieten: Toleranz, das Wissen um die Eingebundenheit in ein Ganzes und die damit verbundene Verantwortung der Ganzheit gegenüber und der Bezug zur Natur im weitesten Sinne des Wortes als Matrix jeglichen Seins.

Wir haben im ersten Kapitel den 14. *Dalai-Lama* zum Problem des westlichen Buddhismus gehört. Es ist klar: Der Abendländer muß und soll neue Gedanken in seine eigenen Traditionen, in seinen eigenen Kulturbereich einbauen können. Er hat auch weder Grund noch Anlaß, mit dieser seiner Tradition zu brechen oder gar, sie zu verteufeln. Doch auf der Suche nach neuen Ideen — wir vermeiden sehr bewußt den Begriff Ideologien — bieten sich Gedanken des *Buddha* bis zu einem gewis-

sen Grad an, denn sie sind universell und adogma-
tisch. Sie stehen auch, betrachtet man sie näher,
nicht im Widerspruch zu ethischen Maximen des
Abendlandes. Wir teilen auch nicht die Ansicht
verschiedener westlicher Autoren, daß der Buddhismus eine passive „Erlöschensphilosophie" sei.
Hier wurde ganz offensichtlich das Streben des
Buddhisten nach dem *Nirwana* mißverstanden, wobei zugegeben werden muß, daß dieser Begriff tatsächlich für unser westliches Verständnis schwer
faßbar ist. Man sieht ihn wohl am ehesten als einen
Zustand der Harmonie im universellen Bereich.

Zum Abschluß hören wir nochmals *Buddha Shakyamuni:* „Gesetzt, ein Mann fände im Dschungel
einen alten Weg. Er folgte ihm und entdeckte eine
alte Stadt, die früher von Menschen bewohnt war.
Er teilte dies dem König mit, und dieser ließe sie
wieder aufbauen, so daß sie bevölkert würde und
zu neuer Blüte entstände. Gerade so habe ich einen
alten Weg wiederentdeckt: Den von den Buddhas
der vergangenen Zeiten beschrittenen zum *Nirwana. (Samyuta Nikaya)*

Es wäre durchaus möglich, daß Gedanken des Siddharta Gautama Buddha auch dem Abendländer eine gewisse Hilfestellung bei der Bewältigung seiner Probleme geben könnten. Vor allem Toleranz und das Wissen um die Eingebundenheit des Menschen in eine Ganzheit sind hier zu nennen. Freilich — wieder sei auf die Worte des Dalai-Lama verwiesen — ist Grundvoraussetzung, eine Synthese zu unseren eigenen Traditionen und unserer eigenen Kultur zu finden. Es ist wenig oder nichts erreicht, wenn wir versuchen wollten, Rituale und Kulte, die uns zwangsläufig fremd sein müssen, nachzuäffen. Es kann uns Menschen des Westens keinesfalls schaden, uns mehr als bisher mit anderen Kulturen, Religionen und Denkweisen zu beschäftigen. Dies führt doch zu einer anstrebenswerten Erweiterung unseres Bewußtseins ohne Drogen und andere schädliche Eingriffe. Allein schon die Erweiterung unseres Horizonts wird uns auf unserem Weg in die Zukunft helfen. Buddhistische Gedanken sind eine von vielen Möglichkeiten.

Glossar

Achtfacher Pfad: wesentlicher Teil der Predigt *Buddhas* in Sarnath.

Avalokiteshvara: Tib.: *Chenresi,* Boddhisattva des Mitleids und Erbarmens. Der *Dalai-Lama* ist eine Inkarnation des A.

Bardo: Existenzform zwischen Tod und Wiedergeburt. Meist mit 49 Tagen angegeben.

Bardo Thödol: Wörtl.: „Befreiung durch Hören im Zwischenzustand. Sogen. „Tibetisches Totenbuch", geht auf *Padmasambhava* zurück.

Bhakti: Führender Begriff im *Mahayana,* mit „Hingabe" zu übersetzen (Hingabe an den Mitmenschen).

Bhava Charkra: „Lebensrad", bildliche Darstellung der sechs Bereiche, in die ein Wesen geboren werden kann.

Bhiksu (auch *Bikshu*): Tib.: *Gelong,* Mönch, Angehöriger der *Sangha* (Mönchsgemeinschaft).

Bodhisattva: 1. Zur Erleuchtung (Buddhaschaft) bestimmtes Wesen. 2. Erleuchteter, der freiwillig im „Rad der Leben" bleibt, um anderen auf dem Weg zur Erleuchtung zu helfen.

Bön: auch *Bon*; wörtl.: „herbeirufen"; Sammelbegriff für verschiedene vorbuddhistische Religionen in den Himalayaländern.

Ch'an-Buddhismus: Dogmen- und ritualfeindliche chinesische Form d. *Mahayana*; wurde in Japan zum Zen-B.

Dalai-Lama: Titel d. tibetanischen Herrscher, verliehen vom mongolischen *Altan Khan* 1577; „Erdgeburt" d. *Chenresi.*

Dharma: 1. Absolutes Gesetz des Kosmos, 2. Lehre des *Buddha.*

*Dhyani-*Buddhas: Fünf „Meditationsbuddhas", Aspekte des erleuchteten Bewußtseins.

Gautama: (Auch *Gotama*), Beinamen des historischen *Buddha* aus dem Geschlecht der *Shakya.*

Gelbmützen-Orden: *Gelugpa-*Schule im tib. B., gegr. von *Tsongkhapa.*

Gelong: Ordinierter Mönch im tibetischen Buddhismus.

Getsül: Wörtl.: „Der tugendhaft Lebende", Mönchsschüler.

Gömpa: Auch: *Gompa;* tib. für *Vihara;* Bezeichnung für Kloster.

Gopa: Wörtl.: Mädchen; in d. Legenden Name d. Frau d. Prinzen *Siddharta.*

Hinayana: „Kleines Fahrzeug" im Buddhismus, heute als *Therevada-B.* in Südostasien.

Karma: Wörtl.: „Tat", Kausalprinzip, das dem Seienden innewohnt; Gesetz von Ursache und Wirkung.

Kundün: Wörtl.: „Gegenwart", Anrede des *Dalai-Lama.*

Lama: Lehrer, spiritueller Meister, Titel in der tib. Mönchshierarchie.

Lamaismus: Im Westen gebräuchliche Bezeichnung d. tib. B.

Mahavira: Prophet d. *Jain*-Religion, Zeitgenosse *Buddhas.*

Mahayana: Das „Große Fahrzeug" im Buddhismus. In Form des *Ch'an*-Buddhismus in China, von dort als *Zen*-Schulen in Japan.

Mandala: Wörtl.: „Kreis", „Bogen"; symbolische Darstellung kosmischer Kräfte, Meditationshilfe.

Mantra: „Kraftgeladene" Silbe, ein „Mittel, das den Geist schützt". Mandalas werden als Laute kosmischer Energie aufgefaßt.

Maya: Illusion des Seins in bezug auf das *Ich* als selbständige Wahrheit.

Nirmanakaya: Körper d. auf Erden wirkenden Buddhas in d. Dreikörperlehre *(Trikaya).*

Nirwana: Auch: *Mahaparinirwana;* Zustand in einer Daseinsform ohne Polarität; Buddhaschaft.

Panchen-Lama: 1650 vom 5. *Dalai-Lama* an den Abt des Klosters von *Shigatse* verliehener Titel.

Potala: Palast-, Tempel- und Mausoleumanlage in *Lhasa,* Winterresidenz der *Dalai-Lamas.*

Puja: Opferhandlung, Opfergebet.

Rotmützen-Orden: Im Westen gebräuchliche Bezeichnung für d.

nichtreformierten Schulen d. tib. B. *(Nyingmapa, Kagyügpa, Shakya, Kadampa).*

Rad der Lehre: Symbol. Darstellung der Predigt des *Buddha* in *Sarnath*, meist achtspeichiges Rad, von Gazellen flankiert.

Samsara: Geburtenkreislauf; irdisches Leben im nicht-absoluten Bereich der karmatischen Bedingtheiten.

Sarnath: Heute der Ort *Isipatana* in der Nähe von Benares (Varanasi) am Ganges. Ort der 1. Lehrpredigt des *Buddha.*

Shakya: Fürstenfamilie, aus der *Buddha* stammte, daher *Buddha Shakyamuni.*

Shenrab: Reformator des *Bön*, auch „Buddha d. *Bön*" genannt.

Siddharta: Name des nachmaligen Buddha als Sohn des Fürsten *Suddhodana.*

Srongtsen Gampo: König der tib. *Yarlung*-Dynastie (609—649); unter seiner Herrschaft begann der Buddhismus in Tibet Fuß zu fassen.

Suddhodana: Fürst u. „Vater" von *Siddharta,* d. nachmaligen *Buddha Shakyamuni.*

Sunyata: Die „absolute Leere", die Absolutheit an sich, Symbol d. *Dharma.*

Sutra: Schriften buddhistischer Überlieferung.

Tantrismus: Lehrsystem zur Bewußtseinserweiterung u. Erlangung d. Erleuchtung; Erlösungsweg, d. sich d. menschlichen Erlebnisfähigkeit bedient.

Thangka: Rollbild mit religiösem Inhalt; Meditationshilfe. Auf Stoff gemalt.

Tschampa: Volksnahrungsmittel in Tibet; Gerstenmehl mit Buttertee.

Tulku: Verwandlungsleib, „magischer Körper", Inkarnation eines Heiligen.

Ü: Zentralprovinz Tibets, Hauptstadt *Lhasa.*

Vier edlen Wahrheiten: Teil d. Grundsatzpredigt d. *Buddha* in *Sarnath.*

Vajrayana: „Diamantenes Fahrzeug" im Buddhismus; vielfach synonym mit *Tantrayana* oder *Lamaismus* verwendet.

Yab Yum: Wörtl.: „Mutter-Vater"; symbolische Darstellung d. mystischen geschlechtlichen Vereinigung; Symbol d. Aufhebung von Polarität.

Yoga: Sich aus hinduistischen Vorstellungen ableitende Techniken zur Bewußtseinserweiterung durch Beherrschung körperlicher Funktionen; Körper u. Geist sollen zu einer Einheit werden; Denkstillstand u. Loslösung d. *Ich* von Raum u. Zeit führt zur Endlösung.

Weiterführende Literatur

Zur Vertiefung des Themas empfiehlt der Autor aus der Fülle der einschlägigen Literatur folgende Bücher, die zum Teil als Quelle benutzt wurden:

Jean Naudou: Buddha: Deutsche Übersetzung im Bertelsmann-Verlag

Constantin Regamey: Der Buddhismus Indiens. Paul Pattloch-Verlag, Aschaffenburg

Jeffrey Hopkins (Hrsg.): Tantra in Tibet. Das geheime Mantra des Tsongkhapa. Einleitung: Der 14. Dalai-Lama. Eugen Diederichs-Verlag, Düsseldorf, Köln

Das Tibetische Totenbuch. Deutsche Übersetzung mit Vorwort von W. Y. Evens-Wentz, Walter-Verlag

Das Tibetische Buch der Toten. Erste Originalübertragung aus dem Tibetischen, Einleitung von Lama Anagarika Gowinda, Otto Wilhelm Barth-Verlag

Helmut Uhlig: Tantrische Kunst des Buddhismus. Safari bei Ullstein

Alexandra Livizarri-Raeuber: Thangkas. Rollbilder aus dem Himalaya, Kunst und mystische Bedeutung, Dumont-Taschenbücher, Dumont-Buchverlag, Köln

H. Ellinger: OM — Das andere Denken, Hugendubel-Verlag, München

Helmut Uhlig: Das Bild des Buddha, Safari bei Ullstein

Helmut Uhlig: Himalaya-Reich der tausend Buddhas, Safari bei Ullstein

Die Lieder der Mönche und Nonnen Gotamo Buddhos. Übersetzt von Karl Eugen Neumann, R. Piper & Co., 1923

Lama Anagarika Gowinda: Der Weg der weißen Wolken, Scherz-Verlag, Bern, München, Wien

Lama Anagarika Gowinda: Grundlagen tibetanischer Mystik, Scherz-Verlag, Bern, München, Wien

Lexikon der östlichen Weisheitslehren (Buddhismus, Hinduismus, Taoismus, Zen), Otto Wilhelm Barth-Verlag, Bern, München, Wien

Buddha, Pfad zur Erleuchtung, Buddhistische Grundtexte, Bücher der Weisheit, Buchgemeinschaft Donauland

Alexandra David-Neel: Im Land der Dämonen, Arena-Verlag Georg Popp, Würzburg

Detlef Lauf: Geheimlehren tibetischer Totenbücher, Aurum-Verlag, Freiburg im Breisgau

kurz & bündig

Bisher erschienen:

Herbert Ellinger · Buddhismus

Dolf Lindner · Geheimbünde

Nino Lo Bello · Der Vatikan

Lucian O. Meysels · Nationalsozialismus

Peter Sterzinger · Das Wetter

Peter Stiegnitz · Judentum

Eberhard Strohal · Die Erste Republik

Günter Treffer · U S A

Alfred Worm · Gentechnik

Weitere Themen folgen

hpt-Verlagsgesellschaft